Annegret Weikert

Rituale geben Kindern Halt

**Rituale regeln den Tagesablauf, schaffen
Freiräume für Muße und Kreativität, geben
Zuversicht und Sicherheit
Praktischer Rat aus eigener Erfahrung**

SÜDWEST

Inhalt

In vertrauter Umgebung finden Kinder Sicherheit und Trost.

Vorwort   4

Rituale fördern die kindliche Entwicklung   6

Zeitgebundene und zeitlose Rituale   6

Rituale schaffen Ordnung   7

Rituale trainieren Denkvermögen und Gedächtnisleistung   9

Rituale fördern die Selbsständigkeit Ihres Kindes   9

Rituale für jede Entwicklungsstufe   10

Was sind Rituale genau?   14

Rituale für den Tagesbeginn   18

Mit Ritualen den Alltag strukturieren   18

Wecken und Aufstehen   20

Rituale bei Körperpflege und Essen   28

Spielerische Körperpflegerituale   28

Gemeinsames Essen verbindet   33

Rituale in der Freizeit   40

Feste Zeiten für Spiel und Spaß   40

Wie viel fernsehen darf ein Kind?   43

Rituale beim Zubettgehen   48

Erleichterungen für das Einschlafen   48

Wenn das Sandmännchen streikt   50

Rituale für das Besondere   56

Mit einfachen Ritualen können Sie den Alltag zu etwas Besonderem machen   56

Das regelmäßige Zähneputzen gehört in vielen Familien zu den festen Ritualen.

Wer von zu Hause Selbstvertrauen und Gelassenheit mitbringt, muss keine Angst vor der Schule haben.

Kinder genießen
Geburtstagsrituale 60

Gemeinsames Feiern:
Das Familienfest 63

Fasten als Ritual 63

Verzichtenkönnen kann
neue Bewusstseinsmöglich-
keiten eröffnen 65

Rituale als Teil unserer Kultur 66

Die Vorweihnachtszeit 66

Endlich ist Weihnachten 69

Hasen und Eier an Ostern 72

Rituale zur Krisenbewältigung 74

Krankheiten durchstehen 74

Ängste vertreiben 77

Das Streiten kultivieren 81

Mit Trauerritualen
Verluste verarbeiten 81

**Rituale beim Lernen
für die Schule** 84

Lernschwierigkeiten
und ihre Ursachen 84

Methoden gegen
Lernschwierigkeiten 87

Das Jacobson-
Entspannungstraining 88

Hausaufgaben 93

Bildnachweis/Impressum 95

Register 96

Für kleine »Schmutzfinken« gibt es Rituale, bei denen die Körperpflege zum Spaß wird.

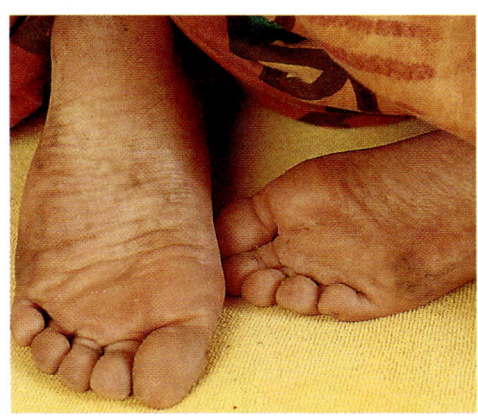

Vorwort

Rituale sind eingeübte oder unbewusste Verhaltensabläufe, die sich immer wieder wiederholen. Durch ihre Regelmäßigkeit vermitteln sie Kindern ein zuverlässiges Gerüst für das Leben.

Kinder erleben jeden Tag sehr viel Neues, Erstaunliches und Unvorhergesehenes, das sie aufnehmen und verarbeiten müssen. Rituale dagegen sind gewohnte, vertraute Unterbrechungen, eine Art von Ruheinseln in dieser für Kinder noch sehr unberechenbaren Welt. Alltagsrituale wie der Kuss am Morgen, das Gebet beim gemeinsamen Mittagessen oder die Gutenachtgeschichte beim Zubettgehen finden regelmäßig statt und werden dadurch für das Kind vorhersehbar. Werden diese Rituale harmonisch und liebevoll gestaltet, sind sie für das Kind kleine Höhepunkte, die den Tag strukturieren, Unterbrechungen, auf die es sich zuverlässig freuen kann, die ihm Sicherheit und Halt geben.

> Ob an Weihnachten, am Geburtstag oder bei der Einschulung – Rituale sind für Kinder wichtige »Wegweiser« an ihrem Lebensweg.

Alltägliche und besondere Rituale

Neben diesen alltäglichen Ritualen gibt es auch Rituale, die nur an besonderen Tagen stattfinden: das Sonntagsfrühstück im Schlafanzug oder das Auspusten der Kerzen auf der Geburtstagstorte beispielsweise. Diese Rituale vermitteln dem Kind über die Sicherheit des alltäglichen Geschehens hinaus langfristige Perspektiven. Die kirchlichen Feste mit ihren althergebrachten Traditionen und Ritualen etwa verdeutlichen dem Kind den Jahresrhythmus, und machen es mit Glaube, Geschichte und kulturellem Erbe bekannt.

Viele der Rituale, die in diesem Buch vorgestellt werden, dürften Ihnen bekannt vorkommen, andere nicht. Das macht deutlich, dass es sowohl Rituale gibt , die bereits zu einer Art Gemeingut geworden sind, die in vielen Familien ganz ähnlich ablaufen, als auch solche, die sehr individuell geprägt sind. Die zahlreichen Beispiele in diesem

Buch sind lediglich als Anregung gedacht. Sie sollten natürlich die Rituale auf Ihre eigene Situation und die Ihres Kindes »zurechtschneiden«. Je besser ein Ritual auf Ihre persönliche Situation passt, desto optimaler wird es Ihrem Kind helfen, mit einem Problem oder einer Situation fertig zu werden. Dabei kann es besonders hilfreich sein, ein schon vorhandenes Ritual aufzunehmen und weiter auszubauen, denn Kinder lieben Rituale und entwickeln sie oft selbst. Es liegt an Ihnen, diese Rituale zu erkennen. Sie helfen ihrem Kind damit, weiteres Vertrauen zu Ihnen zu entwickeln. Für den weiteren Lebensweg Ihres Kindes ist dies eine unverzichtbare Fähigkeit. Manche dieser Rituale sind in unserer schnelllebigen Zeit in Vergessenheit geraten, erscheinen unmodern. Doch wenn man bedenkt, dass gerade heute die Orientierung an beständigen Werten bei all der Hektik und den raschen Veränderungen für viele Menschen zunehmende Bedeutung erlangt, sollten wir unseren Kindern helfen, ihrem Leben Sinn und Struktur zu verleihen.

Reizüberflutung, Konsumwahn, Stress – nur drei Schlagwörter, die unsere Zeit charakterisieren. Rituale können dabei nützlich sein, wieder eine ruhigere, bewusstere und gesündere Gangart einzulegen.

Hand-in-Hand-Gehen: Eine Gewohnheit, die nicht nur durch äußere Bindung, sondern vor allem durch die innere Vertrautheit Sicherheit gibt.

Ob Fastnachtszauber oder Theaterspiel – früh lernen Kinder diese besonderen Zeiten und Freiräume lieben, in denen man sich anmalen und verkleiden darf.

Versuchen Sie einfach, Rituale, die Sie noch als negative Erfahrung in Erinnerung haben, bei Ihren Kindern zu vermeiden oder ins positive Gegenteil zu verkehren.

Rituale fördern die kindliche Entwicklung

Zeitgebundene und zeitlose Rituale

Sicherlich können Sie sich noch an einige Rituale aus Ihrer eigenen Kindheit erinnern. Wissen Sie noch, wie es war, wenn Sie sonntags in das Bett Ihrer Eltern kriechen durften, um dort mit Mama und Papa zu kuscheln und herumzutollen? Oder erinnern Sie sich noch daran, wie es war, wenn Sie im Kindergarten bunte Laternen gebastelt hatten und dem St.-Martins-Umzug entgegenfieberten, wenn zu Weihnachten das Christkind kam oder Sie endlich im Garten Ostereier suchen durften?

Wahrscheinlich erinnern Sie sich aber auch noch an Rituale, die leider nicht so beliebt waren und die Sie am liebsten vergessen würden: beispielsweise den ungeliebten Sonntags-Zwangs-Spaziergang, wohlmöglich noch in Kombination mit der steifen Sonntagskleidung, die es galt, nur ja nicht schmutzig zu machen, das »In-der-Ecke-Stehen-Müssen« in der Schule, das Händewaschen vor dem Essen oder den Hausarrest nach Vergehen und Versäumnissen.

Viele Rituale sind »zeitgebunden«, das heißt: Sie gehören in eine bestimmte Zeit und hatten dort ihren Platz. Andere sind »zeitlos« und haben in jeder Zeit ihren Platz. Entwicklungsrituale, die Kindern helfen sollen, einen bestimmten Entwicklungsabschnitt in ihrem Leben abzuschließen und einem neuen entgegenzugehen, gab es zu allen Zeiten. Die Kommunion in der katholischen Kirche oder die Konfirmation in der evangelischen Kirche sind Beispiele für zeitlose kirchliche Rituale. Auch in anderen Glaubensgemeinschaften gibt es ähnliche Handlungen.

Initiationsrituale zum Übergang in die Erwachsenenwelt

In anderen Kulturen kennt man bestimmte Initiationsrituale, die Kindern helfen sollen, den Übergang in die Welt der Erwachsenen besser zu vollziehen. In modernen Industriegesellschaften laufen viele Rituale Gefahr, »auf der Strecke zu bleiben«, weil sie entweder als überholt gelten oder schlicht vergessen werden. Dabei wird übersehen, das Rituale für die Erziehung notwendig sind.

Rituale helfen dem Kind beim Lernen

Rituale können die Entwicklung Ihres Kindes fördern. Sie helfen ihm in komplexen Lernsituationen leichter zu lernen. »Maria wollte immer ihre Sachen allein anziehen. Machte ich auch nur einen Versuch, ihr zu helfen, begann sie herzzerreißend zu schreien. Erst als ich mir ein kleines Spiel einfallen ließ, bei dem ich ihr selbst zeigte, wie man eine Hose anzieht und mich dazu zu ihr auf den Boden legte, hörte das schlagartig auf. Sie forderte mich nun jedesmal auf, mich auch auf den Boden zu legen und mit ihr zusammen eine Hose anzuziehen. Später, als sie das Hoseanziehen beherrschte, verschwand dieses Ritual nach einiger Zeit von selbst.«

Man sollte Kindern für jeden Lernprozess genügend Zeit lassen. Auch Rituale müssen begriffen werden, damit sie richtig umgesetzt werden können.

Rituale schaffen Ordnung

Rituale helfen Ihrem Kind nicht nur dabei, zu lernen, wie man sich am Besten eine Hose anzieht, sondern sie sorgen auch für ganz andere Ordnungssysteme, z. B. im Kopf. Sie schaffen gedankliche Verbindungen und fördern so die Entwicklung neuer Ideen und Verhaltensweisen. Auf diese Weise kann Ihr Kind lernen, Ordnung in viele seiner widerstrebenden inneren Impulse zu bringen.

»Als Sven vier Jahre alt war, begann er damit, viele Dinge auf einmal machen zu wollen. Erst spielte er mit Bauklötzen, dann warf er diese wütend um. Schließlich holte er sich ein Glas Wasser aus der Küche, um gleich damit ins Wohnzimmer zu stürzen und sich vor den Fernseher zu setzen. Dann stand er wieder auf, um seine Malsachen raus zu holen. Das alles passierte innerhalb weniger Minuten. Mich nervte sein Verhalten und schnell war ich am Ende meiner Kraft, wenn er wieder einmal nicht wusste, was er wollte. Ich wusste damals auch nicht, wie ich ihm helfen konnte, mehr Ruhe und Ordnung in seine Beschäftigungen zu bekommen.«

Manchmal muss man Kinder mit kleinen Tricks erreichen. Aber Ihre Sprösslinge werden es Ihnen später danken, wenn Sie ihnen Ordnungssinn und Pünktlichkeit mit auf den Lebensweg gegeben haben.

Konzentration und Umsicht schulen

Eine Freundin erzählte der gestressten jungen Mutter, wie sie ihrem Sohn beigebracht habe, bei einer Sache zu bleiben. Sie hatte öfters mit ihrem Sohn Peter gespielt und diesem ein kleines Ritual aus ihrer eigenen Kindheit vermittelt:

»Meine Mutter hatte mit mir als Kind sehr viel gespielt. Sie hatte damals viel mehr Zeit als ich heute. Sie brachte mir spielerisch bei, mein Spielzeug aufzuräumen, bevor ich eine neue Sache anfing. Sie sagte damals: »So, jetzt wird erst einmal aufgeräumt, dann kannst du etwas anderes machen!« Sie half mir dann, z. B. die Bauklötze wegzuräumen und zeigte mir genau, wie man sie wieder in den Karton packte. Das führte im Laufe der Zeit dazu, dass ich bei vielen Spielen blieb, weil ich keine Lust hatte, aufzuräumen, bevor ich ein Spiel begann. Wenn ich doch Lust hatte, aufzuräumen, dauerte es natürlich, bis ich das neue Spiel anfangen konnte. Auf diese Weise kam auf jeden Fall mehr Ruhe in meine Handlungen. Meinem Sohn ging es ebenso. Schon nach ein paar Malen sagte er zu mir: ›Komm, Mama, erst aufräumen, dann was anderes machen!‹.«

Sich ständig wiederholende Handlungsabläufe an Hand eines Rituals zu vermitteln hilft ihrem Kind, neue Verhaltensweisen, wie z. B. das Aufräumen, zu lernen. Auf der anderen Seite bilden sich gleichzeitig in seinem Gedächtnis Handlungsschemata ab, die ihm in einer ähnlichen Situation helfen können, zu wissen, was zu tun ist. Wenn Sie Ihrem Kind also mit einem Ritual »unter die Arme greifen«, helfen

Sie ihm nicht nur dabei, Ordnung in seine Verhaltensweisen zu bringen und sich etwas mehr Ruhe zu verschaffen, sondern Sie fördern damit auch die kindliche (Gehirn-) Entwicklung.

Rituale trainieren Denkvermögen und Gedächtnisleistung

Jedesmal wenn Sie Ihrem Kind etwas zeigen, laufen im kindlichen Hirn Gedankenketten ab. Dabei greift Ihr Kind zum Teil auf angeborene Verhaltensketten zurück (z. B. einige Reflexe), zum Teil bildet es ganz neue aus. Die Neuronen (Nervenzellen) im Gehirn nehmen dabei miteinander Kontakt auf. Sie tauschen Informationen miteinander aus. Dabei nehmen sie einen bestimmten Weg. Dieser wird von so genannten Neurotransmittern bestimmt. Das sind Substanzen, die festlegen, ob beispielsweise ein Gedanke weitergeleitet wird oder nicht. Nehmen Sie das obige Beispiel: Sven wollte erst mit Bauklötzen spielen, dann fernsehen und schließlich malen. Er konnte aber nicht lange bei einer Aktivität bleiben. In seinem Gehirn hatten sich noch keine festen Gedankenverbindungen für bestimmte Spielabläufe gebildet. Erst nachdem seine Mutter ihm kleine Rituale für das Aufräumen beibrachte, kam auch Ordnung in die Gedanken des kleinen Jungen. Sein Gehirn lernte durch das Beispiel der Mutter, feste Gedankenketten und Handlungsabläufe im Gedächtnis zu installieren. Bei Bedarf, wenn das Kind Ähnlichkeiten erkannte, konnte es diese Ketten abrufen und nach ihnen handeln.

Rituale fördern die Selbstständigkeit Ihres Kindes

Sicher versuchen Sie, mit erzieherischen Mitteln auch die Selbstständigkeit Ihres Kindes zu fördern. Das hilft nicht nur Ihrem Kind, sondern auch Ihnen selbst. Denn selbstständige Kinder brauchen

Das selbstständige Denken ist der erste Schritt zum selbstständigen Handeln. Auch hierzu können Rituale viel beitragen, weil sie Sicherheit und Halt geben.

nicht so viel Beaufsichtigung, wie unselbstständige Kinder. Das heißt: Die meisten erzieherischen Aktivitäten helfen Eltern und Kindern. So ist es auch bei vielen Ritualen, mit denen Sie die Selbstständigkeit Ihres Kindes in vielen Altersstufen fördern können. In diesem Buch finden Sie Beispiele für jedes Lebensalter.

»Als meine Tochter Katharina schon größer war, etwa sechs Jahre alt, traute ich mich nur selten, sie selbstständig etwas tun zu lassen. Ich hatte zu viel Angst, dass ihr etwas passieren könnte. Außerdem dachte ich, das Kind kann das auch gar nicht alleine. Es braucht mich, um etwas zu tun. Ich dachte, ohne mich als Mutter ist es völlig hilflos. Heute weiß ich, dass ich auch Angst davor hatte, dass Katharina selbstständig wird, weil ich dann vielleicht nicht mehr so gebraucht werden würde!«

Daher ist es verständlich, wenn manche Mütter sich davor fürchten, dass ihre Kinder selbstständig werden. Vielleicht geht es Ihnen ja auch manchmal so. Das ist aber gar kein Grund zur Sorge, sondern eine ganz normale Regung. Verschiedene Rituale können Ihnen dabei helfen, diese Ängste zu überwinden und Ihrem Kind zu mehr Selbstständigkeit zu verhelfen. Die Phase, in der Ihr Kind viele Selbstständigkeitsimpulse spürt, ist die so genannte »Trotzphase«, die Phase, in der das kindliche »Ich« ausgebildet wird.

Viele Kinder erleben ständig, dass man ihnen überhaupt keine eigenständigen Handlungen zutraut. Ein gesundes Selbstwertgefühl kann sich so wohl kaum entwickeln.

Rituale für jede Entwicklungsstufe

In der Realität verläuft die kindliche Entwicklung zwar nicht in »Phasen« oder »Stufen«, sondern vollzieht sich kontinuierlich. Aber für die tägliche Praxis kann es dennoch sinnvoll sein, hilfsweise so zu tun, als gäbe es feste Entwicklungsabschnitte bei Kindern. Auf diese Weise können Sie bestimmte Verhaltensweisen besser verstehen und sich auf sie vorbereiten. In verschiedenen Lebensabschnitten zeigt Ihr Kind trotziges Verhalten, z. B. zwischen dem zweiten und fünften Lebensjahr. Ob sich daraus ein für Sie und das Kind problematisches Verhalten entwickelt, hängt nicht zuletzt auch davon ab, wie Sie damit umgehen. Mit Hilfe vieler Rituale aus diesem Buch können Sie in verschiedenen Lebensphasen Ihres Kindes entsprechend reagieren. Selbst bei Lernschwierigkeiten (Seite 84 bis 94) in der Schule können Ihnen später Rituale helfen, diese gemeinsam mit Ihrem Kind zu überwinden.

Erziehung zur Selbstständigkeit während der »Trotzphase«

Ein großer Teil der Selbstständigkeitsbestrebungen Ihres Kindes findet zwischen dem zweiten und dem fünften Lebensjahr statt. Es handelt sich dabei also um sehr wichtige Entwicklungsjahre im Leben Ihres Kindes. Viele Eltern sehen diese Phase wegen der vielen Probleme, die während dieser Zeit gegeben sind, als sehr schwierig an. Das muss aber nicht sein, denn mit Hilfe verschiedener, einfacher Rituale können Sie sich selbst und Ihrem Kind helfen, diese Zeit konstruktiv zu überwinden. »Mein Sohn Carsten wurde mit zwei Jahren

Verantwortungsbewusste Eltern müssen die Selbstständigkeitsbestrebungen ihres Kindes immer genau abwägen: Denn vieles kann noch zu früh oder zu gefährlich sein.

Auch die Übernahme kleiner Pflichten im Haushalt kann zum Ritual werden, das allen – Kindern und Eltern – nutzt.

unausstehlich. Er wollte nur noch mir dem Kopf durch die Wand. Es verging kein Tag, an dem er nicht wegen irgendetwas wütend mit seinen kleinen Füßen auf den Boden stampfte und seinen Dickkopf durchzusetzen versuchte! Häufig passierte das dann in der Öffentlichkeit, z. B. beim Einkaufen, was mir besonders peinlich war.«

Vielleicht können Sie sich auch an ähnliche Situationen erinnern. Die meisten Mütter kennen solche Reaktionen zu Genüge. Sie gehören in der normalen Entwicklung eines Kindes fast zum Alltag. Doch ob sie zur Belastung für Sie und Ihr Kind werden, hängt nicht zuletzt davon ab, wie Sie damit fertig werden. Versuchen Sie es doch beim nächsten Mal ganz anders.

In Konfliktsituationen zwischen Eltern und Kindern gibt es immer einen Mittelweg. Diesen zu suchen und zu finden, muss bereits früh eingeübt werden.

Die Ruhe bewahren und sich mit dem Kind einigen

Nicht immer müssen Eltern Recht behalten und kleine Kinder den Kürzeren ziehen. Es geht auch anders. In vielen Situationen kann man sich mit etwas gutem Willen mit dem Kind einigen, wenn man ein paar kleine Spielregeln dabei berücksichtigt. Selbst bei ganz kleinen Kindern kann das schon funktionieren.

»Vor ein paar Wochen hatte ich einen sehr teuren Kunstband über van Gogh auf dem Wohnzimmertisch liegengelassen. Ich bekam einen Riesenschreck, als ich sah, wie Martina, meine dreijährige Tochter, sich daran machte, einzelne Seiten aus dem Band zu reißen.«

Viele Mütter würden in einer solchen Situation eventuell panisch reagieren und ihrem Kind den wertvollen Band entreißen sowie ihm eine Standpauke halten. Möglicherweise eskaliert die Situation dadurch, dass das Kind eben liebend gerne Papier zerreißt. Was kann man in solchen Situationen tun?

Erklären Sie Ihrem Kind, dass Sie dieses Buch sehr gerne haben, und dass Sie deswegen nicht möchten, dass ihm etwas passiert. Vielleicht gibt es ein Buch, das Ihr Kind ebenfalls sehr liebt, dann nennen Sie das als Vergleichsbeispiel. Danach sollten Sie Verständnis für den Impuls, etwas zu zerreißen, zeigen und Ihrem Kind etwas weniger

Wertvolles, z. B. ein (altes) Telefonbuch oder eine (alte) Tageszeitung zum Zerreißen anbieten. Der Trick heißt: »Verhandeln, statt verbieten«. Sie sagen nicht: »Das darfst du nicht!« und heben drohend den Zeigefinger, was meistens zu wütenden Gegenreaktionen führt, sondern Sie signalisieren Ihrem Kind erst einmal, dass Sie es verstehen, aber eine viel bessere Idee haben. Nun bieten Sie Ihre Alternative an. Dieses Prinzip können Sie bei kleinen genauso wie bei großen Kindern anwenden. In jedem Lebensalter lässt sich mit diesem einfachen Prinzip des Verhandelns kindliche Entwicklung weit besser fördern, als mit Verboten. Sie werden sehr schnell feststellen, dass man auf dieser Grundlage auch sehr leicht ein Ritual einsetzen kann.

Verhandeln statt verbieten

»Wir verhandeln in vielen Dingen heute mir unseren Kindern, wo unsere Eltern früher nur mit Verboten agiert haben«, sagen heute viele Eltern, wie z. B. Marion Berne und ihr Mann Klaus: »Lassen Sie mich ein Beispiel erzählen. Wir haben unserer Tochter Yvonne schon sehr früh beigebracht, mit uns zu verhandeln. Das erleichterte uns die Erziehung wesentlich. Wir brauchten kaum noch Verbote. Das begann, als sie noch klein war, mit dem Insbettgehen. Wenn sie nicht um acht Uhr ins Bett gehen wollte, schlugen wir ihr vor, dass sie noch eine Viertelstunde aufbleiben kann, wenn sie danach ohne zu murren ins Bett geht und auch nicht wieder aufsteht. Nach einigen Malen klappte das. Sie wollte uns zeigen, dass sie schon groß ist. Später, als sie dann schon 17 war, machten wir es im Grunde genommen genauso: Nur ging es jetzt nicht darum, eine Viertelstunde länger aufzubleiben, sondern darum, zwei Stunden später aus der Disco nach Hause zu kommen. Wenn sie mit so einem Anliegen kam, sagten wir: ›Wir möchten, dass du gut in der Schule bist. Wenn du in der nächsten (Mathe-) Arbeit eine Zwei schreibst, kannst du am Wochenende selbst entscheiden, wann du nach Hause kommst‹!«

Verbote sind meist die letzten Machtmittel ratloser Eltern. Und Kinder werden das, was sie nicht einsehen, immer zu unterlaufen versuchen. Ein Problem kann so also leider nicht gelöst werden.

Warum Kinder Rituale brauchen

- **Rituale können helfen, leichter zu lernen.**

- **Rituale regeln den Tagesablauf.**

- **Rituale sind kleine Merkhilfen.**

- **Rituale geben Sicherheit.**

- **Rituale schaffen Vertrauen in die eigenen Fähigkeiten.**

- **Rituale helfen, Ängste zu reduzieren.**

- **Rituale stärken familiäre Bindungen.**

- **Rituale geben Halt.**

- **Rituale schaffen Freiräume für Kreativität.**

Es gab und gibt in den verschiedenen Kulturen dieser Welt unzählige Rituale. Ein Motiv scheint ihnen aber gemeinsam zu sein: Abläufe, die bestimmten Regeln folgen.

Was sind Rituale genau?

Rituale, die fast jeder kennt, sind die Abläufe von Gottesdiensten oder bestimmten Gebeten zu bestimmten Zwecken. So können auch Teile von Gottesdiensten, wie z. B. die Taufe, ein Ritual sein, das in einer Kultur eine wichtige Rolle spielt. Mit Hilfe von Ritualen nimmt der kleine Mensch seinen Platz in einer (religiösen) Gemeinschaft ein. Aber Rituale dienen auch noch anderen Zwecken.
Sie können den Tagesablauf regeln und so für Gleichmäßigkeit und Ordnung sorgen.
Sie sind vor allem ein wichtiges Mittel, um Sicherheit und Vertrauen zu vermitteln.

Regelmäßige Abläufe schaffen Vertrauen

Das herausragendste Merkmal eines Rituals ist der festgelegte, bestimmten Regeln folgende Ablauf. Diese feststehende Wiederkehr von bestimmten Verhaltensweisen gibt Ihrem Kind Sicherheit und Halt. Durch die Wiederholung entwickelt sich im Laufe der Zeit Vertrauen in die gleich bleibenden Abläufe. Wenn Sie Ihren Säugling beim Stillen beispielsweise immer auf eine bestimmte Art und Weise füttern, quasi ein kleines Ritual daraus machen, geben Sie Ihrem Kind damit zu verstehen: »Wenn du Hunger hast, bin ich für dich da!« Ihr Baby spürt, dass Sie seine Bedürfnisse zuverlässig und vorhersehbar befriedigen.

Im Laufe der Zeit lernt Ihr Kind, dass der Vorgang beim Füttern immer gleich ist: Wenn meine Nase an die warme Brust stupst, gibt es etwas zu essen. Diese immer wiederkehrenden Verhaltensabläufe decken sich auch mit instinktiven Mustern, z. B. dem Saugreflex, die Ihr Kind schon fertig mit auf die Welt bringt. Das instinktive Verhalten verbindet sich dann durch ständige Wiederholung mit dem neuen Verhalten, und Ihr Kind hat etwas gelernt. Es merkt sich diese Kette und schöpft aus ihrer häufigen täglichen Wiederkehr Sicherheit und Vertrauen. Das ist etwas, worauf Ihr Kind sich verlassen kann.

Gewohnheiten, die verbinden

»Ich hatte mir angewöhnt, dem Baby immer vor dem Stillen die kleine Nase zu reiben. Als ich das einmal vergaß, weil ich durch einen Unfall vor dem Haus abgelenkt worden war und sehr nervös war, begann mein Sohn sofort zu schreien.«

Wird also diese vertraute Kette dann jedoch einmal unterbrochen, spürt Ihr Baby sofort, »hier stimmt etwas nicht!« Es wird zu schreien beginnen, weil der vertraute Ablauf nicht zustande kommt. Ist die Störung behoben, findet Ihr Kind aber auch schnell wieder in die vertrauten Gewohnheiten beim Stillen zurück.

Ein Kleinkind ist vollkommen abhängig von seiner Bezugsperson. Der deshalb überaus großen, instinktiven Angst, verlassen zu werden, kann mit sinnvollen Ritualen entgegengewirkt werden.

Mit Lernritualen komplexe Aufgaben bewältigen

Lernrituale können helfen, komplexe Abläufe besser zu strukturieren. So können Babys mit Löffeln essen lernen oder Kleinkinder mit Messer und Gabel. Aber man kann mit Lernritualen auch das Ankleiden einüben oder einen Turm bauen lernen.

Lernrituale können vielfältig und in jedem Alter mit sehr viel Gewinn angewandt werden. Sie können sich als Eltern immer wieder eine ganze Reihe von Lernritualen selbst ausdenken und Ihrem Kind so das Lernen erleichtern und Entwicklungsschritte oftmals auch bedeutend beschleunigen.

Rituale haben neben der erzieherischen Komponente oft auch noch eine spielerische. So gehört nicht selten zum sonntäglichen »Familientreffen« im Bett der Eltern eine ausgewachsene Kissenschlacht.

Mehr Gefühl für Zeitabläufe

Wenn Sie am Sonntagmorgen noch ein wenig mit Ihren Kindern im Bett toben wollen, helfen Sie ihnen dabei, fast ohne dass sie es bemerken, eine übergeordnete Struktur, die Einteilung des Jahres in Wochen, besser zu verstehen. Die Feier eines Geburtstages ist ebenso ein Strukturritual, welches schon kleinen Kindern ein besseres Gefühl für die Zeit vermittelt.

Solche Rituale gliedern das Jahr für Ihr Kind in leicht überschaubare Abschnitte.

Mit Ritualen Probleme verarbeiten

»Meine Tochter Marina (17 Monate) begann eines Tages mit einem kleinen Ritual, das sehr auffällig war, und das ich erst nicht verstehen konnte. Sie kam mit einem kleinen Eimerchen voller Sandformen zu mir und verabschiedete sich mit einem Tschüss. Dabei winkte sie mit der Hand und ging weg. Nach ein paar Minuten kam sie zurück und sagte Da, was heißen sollte, sie sei wieder da. Dann begann das Ritual von neuem.«

Auf den ersten Blick scheint dieses Ritual nur ein weiteres kleines Spiel zu sein, das kleine Kinder oft spielen. Aber dahinter steckt viel mehr. Doch das bekommen wir natürlich erst dann genau heraus, wenn wir uns eingehender mit der Lebenssituation beschäftigen, in der die Kinder, bzw. hier in unserem kleinen Beispiel Marina, just im Moment stecken.

Ihre Eltern haben sich gerade getrennt und Marina ist an jedem Wochenende bei einem anderen Elternteil. Das bedeutet also: Sie spielt das Weggehen und Wiederkommen der Eltern. Sie verarbeitet auf diese Weise die Trennung der Eltern. Und sie verarbeitet sie positiv, weil natürlich das Wichtige in diesem kleinen Ritual nicht das Weggehen, sondern das Immerwiederkommen ist. In ihrem anscheinend belanglosen Spiel setzt sich Marina mit der Realität auseinander.

Das Kind versichert sich hier, in dem es spielt, dass seine Eltern, auch dann, wenn sie weggehen, immer wiederkommen werden. Es handelt sich also um ein Ritual, mit dem Marina die bedrohlichen Gefühle der Trennung, die sie spürt, im Zaum hält und in angenehme Gefühle umwandelt.

Kinder schlüpfen häufig und sehr gern in verschiedenste Rollen, die Sie dann mitunter exzessiv gestalten. Eltern sollten dieses Verhalten nicht als Kindereien abtun. Meist steckt hinter diesem »Spielen« der Kinder eine ernst zu nehmende Auseinandersetzung mit ihrer Realität.

Kinder schaffen Rituale aus ihrer jeweiligen Lebenssituation heraus auch selbst, um Probleme zu bewältigen. Es ist an den Eltern, diese Rituale zu verstehen und in den Familienalltag zu integrieren.

Rituale für den Tagesbeginn

Das regelmäßiges Zähne-putzen von klein auf gehört zu den häufigsten und wichtigsten Ritualen, die dem Tag eine feste Struktur geben.

Mit Ritualen den Alltag strukturieren

Wir leben heute in einer Zeit, in der wir oft beklagen, dass uns viele Traditionen abhanden gekommen sind und dass unsere Kinder nur über wenige Werte und Normen verfügen. Um sich aber in unserer sich immer schneller entwickelnden Welt zurechtzufinden, braucht Ihr Kind Orientierung. Dieses Zurechtfinden kann mit Hilfe von Ritualen, die sich über den ganzen Tag verteilen, erleichtert werden. Anstatt das Verschwinden von Idealen und Wertvorstellungen zu beklagen, sollten wir eher darauf achten, unseren Kindern Orientierungsmaßstäbe mitzugeben. Dazu ist es nicht notwendig, große Aktionen zu starten, sondern sie können mit einigen wenigen Ritualen Ihrem Kind klare Strukturen mit auf seinen Lebensweg geben. Mit einfachen Mitteln, die leicht in den Alltag zu integrieren sind, können Sie Ihrem Kind von klein auf und von früh bis spät helfen, sich besser in unserer Welt zurechtzufinden.

Rituale bestimmen das Familienklima

Man sollte sich vom Sog unserer überdrehten, rasenden Zeit nicht immer mitreißen lassen. Rituale können hier eine sinn-volle Bremse sein.

»Ich liebe kleine Rituale. Sie erinnern mich an schöne Zeiten in meiner eigenen Kindheit, die ich nicht missen möchte, und die ich gerne auch an meine Kinder weitergebe.«

Rituale, die den Alltag strukturieren, hängen mit täglichen Alltagsverrichtungen zusammen. Dafür, wer wann und wie morgens aufsteht, wer wann das Bad benutzt, wie das Frühstück abläuft, welche Mahlzeiten man während des Tages gemeinsam einnimmt, wie die

Gestaltung des Abends abläuft oder wie das Wochenende »eingeläutet« wird, gibt es in jeder Familie Rituale, die immer gleich sind oder ähnlich ablaufen.

Ob die Rituale freundlich und liebevoll gestaltet werden, einfach nur festgefügt sind oder ob es chaotisch zugeht, hat Auswirkungen auf das familiäre Befinden. Achten Sie bei der Gestaltung des Tagesablaufs auf liebevolle Rituale. Die Art und Weise, in der Sie mit Ihrem Kind den Tag beginnen und beenden, trägt dazu bei, dass Ihr Kind sich wohl fühlt und auch Sie zufrieden sein können. Dazu brauchen Sie nur etwas guten Willen und die Bereitschaft, mit Hilfe von Ritualen Ihren Alltag angenehm zu gestalten. Rituale helfen, ein harmonisches Zusammenleben in der Familie zu erreichen.

Die passenden Tagesrituale finden

Sie finden auf den folgenden Seiten eine Reihe von Ritualen, um mit Ihrem Kind den Tag zu beginnen. Mit ihrer Hilfe können Sie, wenn Sie es wollen, mehr Struktur in Ihren eigenen Tagesablauf und in den Ihres Kindes bringen. Achten Sie aber bitte darauf, dass diese Rituale sich ohne Probleme in den Tagesablauf aller Familienmitglieder integrieren lassen und dabei nicht künstlich aufgesetzt wirken. Bitte keine Rituale der Rituale wegen.

Wenn z.B. jedes Familienmitglied morgens zu einer anderen Zeit das Haus verlassen muss, ist es meistens müßig, ein gemeinsames Frühstück zu ritualisieren. Das würde zusätzlichen Stress machen und wäre dann nicht angemessen. In so einer Familie wäre es beispielsweise wesentlich besser und auch viel realistischer, ein gemeinsames Frühstücksritual am Wochenende stattfinden zu lassen, an dem alle Familienmitglieder teilnehmen können. Rituale sind also um so wirkungsvoller, je besser sie in den Alltag eingepasst werden können. Deswegen sollten Sie sich ruhig ein paar Gedanken darüber machen, wie sich ein bestimmtes Ritual am besten in den Tagesablauf integrieren läßt. Die Beantwortung folgender Fragen kann Ihnen dabei bestimmt helfen:

Wenn Sie Rituale etablieren wollen, sollten Sie auch die Bedürfnisse Ihrer Kinder berücksichtigen. Oder spricht etwas dagegen, dass Ihr Sohn zum Beispiel am Morgen anstatt heißen Tee nur kalte Milch trinkt bzw. Ihre Tochter zum Abendessen nur ein Müsli will?

Welche Rituale passen in Ihren Tagesablauf?

● **Was wollen Sie mit dem Ritual erreichen? Was vermissen Sie z. B. in Ihrem Tagesablauf? Brauchen Sie vielleicht mehr Ruhe und Gleichförmigkeit oder mehr Aktivität und Aufregung? Wünschen Sie sich mehr Gemeinsamkeit oder »hocken« Sie sowieso schon eng genug aufeinander?**

● **Können Sie das Ritual an ein vorhandenes Ritual, dass Ihr Kind schon praktiziert, anpassen?**

● **Lässt sich mit diesem Ritual die Entwicklung Ihres Kindes fördern oder eignet sich ein anderes besser?**

● **Passt das Ritual gut in Ihren Tagesablauf oder stört es, weil es einen sinnvollen Ablauf unangenehm durchbricht?**

● **Wenn es nicht in den Tagesablauf passt, können Sie es dann so verändern, dass es besser hineinpasst?**

Wecken und Aufstehen

Der allmorgendliche Abschied vom warmen und schützenden Bett ist hart genug. Warum sollte man also diesen ersten »Schrecken« des Tages nicht mit einem Ritual, auf das man sich vielleicht sogar freut, etwas dämpfen?

Wie schön, wenn man morgens ausschlafen kann. Das gilt für uns Erwachsene, aber auch für unsere Kinder. Doch oft rufen die Pflichten. Die Eltern sind berufstätig, die Kinder müssen in den Kindergarten oder in die Schule. Kindern fällt das Aufstehen oft schwer. Sie erkennen die Hintergründe nicht , warum sie denn nicht im warmen Bettchen bleiben dürfen, wo es doch gerade so gemütlich war. Um die Kinder zu schonen, wecken die Eltern sie oft erst so spät wie möglich. Doch dafür muss dann alles um so schneller und reibungsloser gehen. Nicht selten spielen die Kinder da nicht mit. Sie werden quengelig und trotzig. Besser, Sie gewöhnen Ihr Kind daran, etwas früher aufzustehen, und haben dafür mehr Zeit, um ihm den Übergang von der Nacht zum Tag durch ein Weckritual zu erleichtern. Eine einfache Spielregel für Weckrituale heißt: Je jünger Ihr Kind ist, desto spielerischer sollten Sie es wecken.

Babys spielerisch ans Wecken gewöhnen

Claudia geht beim Wecken leise in das Zimmer ihrer Tochter Christine (vier Monate) und macht das Licht an. Dann berührt sie ihre Tochter an der Wange und streichelt sie dort. Dabei sagt sie: »Guten Morgen, kleiner Schatz!«
Sie wartet, bis das Baby die Augen geöffnet hat, und nimmt es dann vorsichtig auf den Arm. Sie trägt es zum Wickeltisch und spricht dabei mit dem Kind. Sie erklärt ihm, was sie nun als Nächstes machen will: »Jetzt ziehen wir die Windel aus und machen den Popo sauber.« Sie achtet darauf, dass ihre Stimme ruhig und ausgeglichen klingt, und spricht leise. Das Kind gewöhnt sich an die ruhige Stimme der

Seien Sie ruhig erfinderisch bei der Wahl der Weckrituale für Ihre Kinder. Während das Baby wahrscheinlich schon auf zärtliche Worte reagiert, braucht der schon etwas ältere Sohn vielleicht eine Überdosis lauter Rockmusik oder die Tochter die Schnurrhaare des Katers im Gesicht.

Morgens geweckt zu werden, muss nicht unangehm sein: Sich-Zeit-lassen für spielerische Zärtlichkeit heißt die Zauberformel, mit der Eltern ihren Kindern das Aufstehen erleichtern.

Mutter und ist ausgeglichen und zufrieden. Der Vorteil dieses kleinen Weckrituals liegt darin, dass Sie es mit geringfügigen Veränderungen jeweils an das fortschreitende Alter Ihres Kindes anpassen können, ohne das Ritual im Wesentlichen zu verändern.

Der erste Schritt in den neuen Tag ist nicht immer leicht. Nicht einmal für die Eltern, die darin eine ganz andere »Routine« besitzen. Denken Sie daran, wenn Ihr Kind Probleme mit dem Aufstehen hat!

Liebevolle Weckrituale für Säuglinge

● **Wecken Sie das Kind möglichst immer zur gleichen Zeit und vor allem auch rechtzeitig.**

● **Wenn Sie einmal aufgeregt und hektisch sein sollten, beruhigen Sie sich selbst erst, bevor Sie Ihr Kind wecken. Ihre Unruhe überträgt sich sonst leicht auf das Kind.**

● **Lassen Sie Ihrem Kind genug Zeit, um wach zu werden.**

● **Gehen Sie beim Wickeln und Ankleiden behutsam und langsam vor und sprechen Sie leise dabei.**

● **Gewöhnen Sie das Kind langsam an die Helligkeit, dimmen Sie beim Ankleiden das Licht noch etwas herunter oder lassen Sie die Vorhänge noch eine Zeit lang geschlosssen.**

● **Vergessen Sie nie, Ihr Kind auch zu loben, wenn es sich so verhält, wie Sie es gerne möchten.**

Wenn Kleinkinder nicht aufstehen wollen

»Ich ärgerte mich schon eine ganze Zeit darüber, dass Anne (drei Jahre) morgens nicht aufstand. Jedenfalls nicht dann, wenn ich sie geweckt hatte. Dann brachte mich eine Freundin auf die Idee, abends mit dem Kind über den nächsten Tag zu sprechen und sie so auf das Wecken vorzubereiten.

Das Liegenbleibenwollen ist ein weitverbreitetes Problem. Es ist aber auch etwas, wofür Sie Verständnis haben sollten, denn schließlich kennen Sie dieses Problem auch aus eigener Erfahrung, oder? Wer würde nicht schon einmal morgens gerne liegen bleiben, anstatt aufzustehen? Doch im Gegensatz zu Ihnen hat Ihr Kind noch kein so ausgeprägtes Pflichtbewusstsein, das ihm hilft, mit diesen Bestrebungen fertig zu werden. Kleine Kinder sind noch sehr lustorientiert und das ist auch gut so. Außerdem sollten Sie berücksichtigen, das es unterschiedliche Charaktere bei Kindern gibt. Eines kann sofort aufstehen und ist putzmunter. Das andere braucht eine längere Anlaufzeit. Auch Erwachsene sind da sehr unterschiedlich. Nehmen Sie Rücksicht darauf.

So fällt das Aufstehen leichter

● Achten Sie darauf, Kleinkinder spielerisch zu wecken. Albern Sie ruhig etwas dabei herum. Nehmen Sie eine Kasperpuppe oder eine Marionette zu Hilfe. Verstellen Sie Ihre Stimme oder kriechen Sie auf dem Boden auf allen Vieren an das Bett Ihres Kindes heran. Ihrer Phantasie sind dabei keine Grenzen gesetzt.
● Kinder stehen lieber auf, wenn sie wissen, dass an dem Tag etwas passieren wird, was sie gerne mögen. Setzen Sie sich am Abend zuvor oder auch morgens ans Bett und erklären Sie dem Kind den Tagesablauf: »Heute scheint die Sonne, deshalb darfst du deine neuen Sandalen anziehen. Heute Mittag gibt es Nudelauflauf, den du so gerne magst. Nachmittags besuchen wir die Oma. Papa kommt heute etwas früher heim und geht dann mit dir noch zur Fußballwiese ...«
● Sie können es aber auch einmal mit dem folgenden Weckritual versuchen, bei dem es vor allem darauf ankommt, Ihrem Kind zu vermitteln, dass Sie seine Hilfe brauchen. Gehen Sie morgens leise in das Zimmer Ihres Kindes, und machen Sie das Licht an. Dann begrüßen Sie das Kind mit einem fröhlichen »Guten Morgen! Heute müssen wir uns beeilen, denn Mama hat etwas vor. Du musst mir dabei helfen, sonst schaffe ich das nicht!«

Ob Sie mit Ihrem Kind gleich am Bettrand spielen, herumalbern oder ihm etwas für den anbrechenden Tag versprechen, ist völlig gleich. Wichtig ist, dass Sie ihm »Appetit« auf den Tag machen. Dann ist das Aufstehen nicht so schwer.

Wichtig dabei ist vor allem, nicht zu mogeln, denn Ihr Kind merkt sofort, wenn Sie es nicht ernst meinen. Aber das dürfte bei realistischer Betrachtung auch kein Problem sein. In den meisten Haushalten ist morgens die Zeit knapp, und die Mütter brauchen tatsächlich die Mithilfe jedes Familienmitgliedes, damit alles reibungslos und wie am Schnürchen klappt und der Tag nicht gleich mit einer »Katastrophe« beginnt.

Bei Kindern, die Furcht vor anderen oder vor Situationen außerhalb des Elternhauses haben, kann man das Selbstbewusstsein fördern, indem man mit ihnen immer wieder über ihre Fähigkeiten und Stärken spricht. Eltern müssen dabei aber unbedingt den Eindruck hinterlassen, dass sie, was sie sagen, auch wirklich ernst meinen.

Wenn Ängste das Aufstehen behindern

»Sybille (sechs Jahre) hatte am Anfang überhaupt keine Lust, in die Schule zu gehen. Sie machte jeden Morgen Theater und wollte gar nicht aufstehen!«

Sybilles Mutter quälte sich eine ganze Zeit mit ihrer Tochter herum, bis sie merkte, was mit Sybille wirklich los war. »Meine Tochter hatte Angst vor der Schule, konnte das aber mir gegenüber nicht zugeben.«

Wenn Ihr Kind sich beharrlich weigert, etwas zu tun, dann steckt meistens ein Grund dahinter. Oft ist es Angst, die es nicht zugeben kann oder von der es selbst gar nichts ahnt. Viele Kinder verdrängen ihre Ängste so stark, dass sie sie selbst nicht mehr wahrnehmen. In solchen Fällen kommt es darauf an, genau herauszufinden, was mit Ihrem Kind los ist.

Das gelingt am Besten, wenn Sie mit dem Kind sprechen und auf diese Weise Informationen erhalten. Vielleicht fühlt es sich einfach nur unsicher auf dem Schulweg und möchte, dass Sie es noch eine Zeitlang begleiten? Vielleicht stellen Sie auch zu hohe Erwartungen an Ihr Kind oder Sie sind bei den Hausaufgaben zu ungeduldig, wenn nicht alles so schnell und sauber geht, wie Sie sich das vorstellen? Vielleicht liegt das Problem aber auch ganz woanders. Nicht selten werden Schulkinder auf dem Pausenhof von anderen Kindern bedroht. Suchen Sie ruhig auch das Gespräch mit dem Lehrer und bitten Sie ihn um Mithilfe. Unter Umständen hat er die Schwierigkeiten Ihres Kindes noch gar nicht als solche erkannt.

Autosuggestionsübungen gegen die Angst

Wenn die Angst vor der Schule nur darauf beruht, dass es dem Kind am nötigen Selbstvertrauen mangelt, sollten Sie versuchen, das Kind durch ein Angstbekämpfungsritual zu ermutigen.

Beginnen Sie damit, Ihr Kind beim Anziehen zu fragen: »Was bist du?« und das Kind soll antworten: »Ich bin stark!« Dann stellen Sie wieder eine Frage: »Was machen starke Kinder?« Antwort: »Sie holen tief Luft!« Dann fragen Sie wieder: »Was sagen starke Kinder?« Antwort: »Ich bin stark!« Man kann das auch abwandeln, wenn sich Kinder z. B. zu klein fühlen. Dann fragt man: »Wie groß bist du?« Die Antwort lautet dann: »So groß bin ich!«, wobei das Kind seine Arme bei der Antwort in die Höhe recken soll.

Dabei kommt es darauf an, die einzelnen Schritte langsam zu vermitteln und diese im Laufe der Zeit durch Wiederholung zu ritualisieren. Später wird es Ihrem Kind gelingen, in einer Angstsituation dieses Ritual einzusetzen. Das kann es aber nur dann erfolgreich, wenn es das Ritual in einer angstfreien Zeit erlernt hat.

Oft ist es ein wirklich wirksames erzieherisches Mittel, um Kindern den Glauben an sich selbst zu schenken, wenn man mit ihnen über vergleichbare »Schicksale« aus bekannten Geschichten und Märchen spricht. So begreifen Kinder unter Umständen die Zusammenhänge besser und können sich zudem mit jemand anderem solidarisieren.

Angst ist ein schlechter Begleiter auf dem Weg in die Schule. Selbstvertrauen und Gelassenheit können durch kleine Rituale gelernt und gefestigt werden.

Wobei können Weckrituale helfen?

● **Weckrituale führen das Kind behutsam an den neuen Tag heran.**

● **Die Regelmäßigkeit im morgendlichen Tagesablauf gibt dem Kind Geborgenheit.**

● **Weckrituale sorgen dafür, dass das Kind in der morgendlichen Hektik nicht zu kurz kommt.**

● **Ihr Kind steht lieber auf.**

● **Wenn Sie Ihr Kind immer zur gleichen Zeit wecken, lernt es, sich bestimmten Zeitstrukturen anzupassen. Es findet schneller zu einem regelmäßigen Wach-Schlaf-Rhythmus.**

● **Dem Alter entsprechende Weckrituale führen Ihr Kind nach und nach zur Selbstständigkeit und zu selbstverantwortlichem Handeln mit allen Konsequenzen in Sachen Pünktlichkeit.**

Weckrituale für Große mit Wecker

Der Start in den Morgen ist auch für viele Erwachsenen nicht so einfach. Vereinbaren Sie mit Ihren Kindern kleine Rituale, die die Trennung vom warmen, kuscheligen Bett etwas vereinfachen.

»Mein großer Sohn Frank (13) kam morgens nie aus dem Bett. Es war schier hoffnungslos. Dauernd verschlief er, und es war schon morgens bei uns oft die Hölle los, weil es Ärger mit Frank gab, der mir zu allem Ungemach auch noch die Schuld gab, wenn er verschlafen hatte.«

Mütter werden heute, wie Eltern im Allgemeinen, für alles mögliche zur Verantwortung gezogen. Diese Technik beherrschen größere Kinder, vor allem Söhne, bis zur Genüge. Aber lassen Sie sich davon nicht irritieren. Es kommt hier vor allem darauf an, konsequent bei einer Linie zu bleiben: »Du bist für dein Aufstehen selbst verantwortlich. Aber wenn du willst, kann ich dir ein paar Tricks verraten, wie man es schafft, nicht zu verschlafen.«

Wenn Kinder morgens alleine aufstehen

Haben Sie noch ein kleines Kind, wird Sie das vermutlich zu einer Zeit wecken, wenn Sie sich selbst noch einmal im Bett umdrehen möchten. Morgens aufzustehen ist überwiegend ein Problem von größeren Kindern und Jugendlichen. Während Sie sich schon im Bad zurechtgemacht haben und dabei sind, den Frühstückstisch zu decken, schlummert Ihr Kind im halbwachen Zustand bei geöffneter Zimmertür trotz Licht und Geklapper noch selig vor sich hin. Je später es wird und je öfter Sie es wecken, desto gereizter wird Ihre Stimmung. Nicht selten kommt es zu Streit und Auseinandersetzungen: kein schöner Anfang für einen neuen Tag!

Manche Kinder können abends einfach nicht ins Bett finden. Ihnen fällt plötzlich ein, dass sie noch Schularbeiten machen müssen, einen Brief schreiben wollten oder etwas im Fernsehen kommt, was sie unbedingt sehen müssen. Hat Ihr Kind einen Fernseher in seinem Zimmer, entzieht es sich natürlich Ihrer Kontrolle. Sie wissen dann nicht, ob es noch fernsieht, wenn Sie schon längst schlafen.

● Ab dem 13. Lebensjahr sollten Kinder mit Hilfe eines Weckers selbst aufstehen können. Sie können Ihrem Kind den Wecker »schmackhaft« machen, wenn Sie ihm vermitteln, dass es »groß« ist, wenn es selbst mit dem Wecker aufstehen kann. Sobald Ihr Kind merkt, allein aufzustehen ist ein Zeichen für Erwachsenwerden, wird es versuchen, es ohne Ihre Hilfe zu schaffen. Wer will denn mit 13 noch als »Baby« gelten?

● Vermitteln Sie Ihrem Kind, dass der Ablauf beim Wecken und beim Aufstehen immer möglichst gleich bleiben sollte, weil es dann im Laufe der Zeit zu einem Automatismus wird.

● Verraten Sie ihm, dass das Geheimnis des Aufstehens mit dem Wecker darin besteht, den Wecker nicht im Griffbereich des Bettes aufzustellen, sondern ihn so weit vom Bett entfernt zu platzieren, dass man aufstehen muss, wenn man ihn abstellen will.

● Vergessen Sie nicht, Ihr Kind ausreichend dafür zu loben und es zu belohnen, wenn es allein aufstehen kann.

Morgens rechtzeitig in die Schule zu kommen, ist manchmal ein arges Problem. Bei älteren Kindern können Sie schon an deren »Erwachsensein« appellieren und ihnen die Verantwortung, zeitig aus den Federn zu kommen, übertragen. Selbstverständlich müssen die Kinder dann aber auch die Konsequenzen selbst tragen, wenn sie verschlafen oder sich für »nur fünf Minuten« noch einmal in die Bettdecke vergraben.

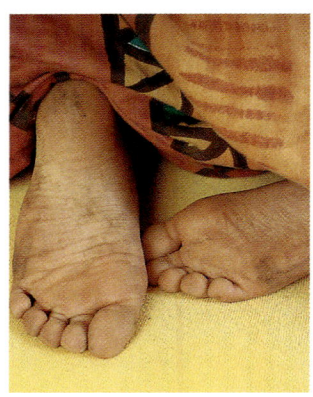

Mit schmutzigen Füßen ins Bett – das muss nicht sein. Kleine Rituale machen die Körperpflege zur lieben Gewohnheit.

Neue wissenschaftliche Forschungen haben ergeben, dass sehr viel zärtlicher Körperkontakt die Entwicklung der (emotionalen) Intelligenz fördert. Die tagtägliche Körperpflege bietet hierzu wunderbare Möglichkeiten, diese emotionale Intelligenz bei Ihrem Kind zu entwickeln.

Rituale bei Körperpflege und Essen

Spielerische Körperpflegerituale

»Als ich im sechsten Monat schwanger war, konnte ich bei einem Besuch bei einer Freundin dabei zusehen, wie diese ihren Sohn wusch und wickelte. Ich war völlig überrascht, was ihr dabei alles einfiel. Bis dahin dachte ich immer, Waschen und Wickeln sei nur ein notwendiges, aber eher unangenehmes Pflichtprogramm.«

Das Waschen und Wickeln kann zu einer wichtigen, die Beziehung vertiefenden Angelegenheit zwischen Mutter (und Vater) und Kind werden, wenn man dabei einiges berücksichtigt. Teilen Sie den Vorgang des Waschens, Wickelns und Anziehens in mehrere, klar abgegrenzte Tätigkeiten auf, aus denen Sie jeweils spielerisch ein festes Ritual entwickeln. Achten Sie darauf, wie bei allen anderen Ritualen auch, die verschiedenen Bewegungsabläufe im Laufe der Zeit möglichst gleich zu gestalten. Ohne großen Aufwand können Sie Ihrem Kind dabei auch bestimmte Bezeichnungen für verschiedene Körperteile oder Gegenstände beibringen, indem Sie diese gleich benennen. »Jetzt hebe ich ganz vorsichtig dein Köpfchen hoch. Jetzt ziehen wir dein Jäckchen aus. Und noch ein bisschen Creme auf den kleinen Popo...« Schon der kleine Säugling lernt so im Laufe der Zeit die Bezeichnungen für die verschiedenen Körperteile kennen und in seinem Kopf die Empfindungen, z. B., beim Ausziehen einer Jacke, zuzuordnen. Wenn Sie das Baby ausgezogen haben und der Raum warm genug ist, dann können Sie spielerisch eine kleine Bauchmassage durchführen. Das stärkt das Körperempfinden des Kindes und fördert nebenbei noch die Verdauungstätigkeit.

Was Sie bei der Körperpflege Ihres Babys beachten sollten

● Versuchen Sie, aus der notwendigen Körperpflege Ihres Kindes einen lustvollen Pflegevorgang zu machen.

● Kommentieren Sie Ihre Handlungen, und bezeichnen Sie die Körperteile, die Sie berühren.

● Je mehr Sie Ihr Kind berühren und zärtlich streicheln, desto besser wird es sich entwickeln.

● Führen Sie kleine Übungen durch (Massagen, Bewegungsübungen mit den Armen und Beinen).

Können Kleinkinder sich schon selbst waschen?

»Christian (drei Jahre) will sich morgens schon selbst waschen. Ich denke, er kann das noch nicht und versuche ihn dann selbst zu waschen. Das gefällt ihm überhaupt nicht und er wehrt sich. Soll ich ihn nun zwingen oder soll ich ihm seinen Willen lassen?« Vielleicht fühlen Sie sich manchmal auch von den Wünschen Ihres Kindes überfordert und wissen nicht, wie Sie sich verhalten sollen. Natürlich wird der kleine Christian nicht so sauber sein, wenn er sich selbst wäscht. Aber vielleicht helfen kleine Rituale, den Waschvorgang spielerisch aufzuteilen?

● So ist es z. B. denkbar, dass Ihr Kind zuerst im gefüllten Waschbecken mit einem Schiffchen spielen darf – irgendwann legt der Kapitän dann kurz im Hafen an. In dieser Pause reibt die Mutter die Hände gründlich mit Seife ein. Seife abwaschen geht dann wieder fast automatisch, wenn das Schiffchen noch eine weitere Runde drehen darf.

Kinder sollen selbstständig werden. Spielerische Rituale helfen, Aufgaben zunächst zwischen Kind und Eltern aufzuteilen, bis dann beispielsweise die Körperpflege vom Kind im Alleingang bewältigt werden kann.

● Ebenso kann man vieles andere gemeinsam oder abwechselnd machen: Das Kind darf die Zahnpastatube aufschrauben, sich die Zahnpasta auf die Bürste drücken und die erste Halbzeit alleine putzen. Mit Hilfe einer Sanduhr oder einem kleinen Küchenwecker, der nach einer Minute klingelt, wird der Zeitraum für das Kind fassbarer. Die Mutter putzt dann in der zweiten Halbzeit. Dafür darf das Kind den Zahnbecher füllen und selbst den Mund ausspülen.

● Kinder mögen es meistens auch nicht, wenn sie eingecremt werden. Auch da kann ein kleines Spiel vielleicht für Abhilfe sorgen. Verwandeln Sie das Kind in einen »Marienkäfer«, indem Sie ihm mit der Creme viele kleine Punkte ins Gesicht malen, die es dann selbst verreiben darf.

● Es kommt hier vor allem darauf an, dem Kind nach und nach tatsächlich vieles selbst zu überlassen, denn schließlich ist das Ziel aller Hilfen bei der Körperpflege in jedem Alter, dass Ihr Kind sich irgendwann selbstständig waschen kann.

● Bei Vorgängen, die das Kind noch nicht selbst ausführen kann, wie beispielsweise beim Schneiden der Fingernägel, empfiehlt es sich, eine kleine Geschichte zu erzählen, die das Kind ablenkt, z.B.: »Das ist der Daumen, der (Zeigefinger) schüttelt die Pflaumen, der (Mittelfinger) liest sie auf, der (Ringfinger) trägt sie nach Haus, und der kleine Schelm (kleiner Finger) isst sie alle, alle auf.«

Begleiten Sie die Körperpflegerituale mit Versen und Reimen oder kleinen Geschichten. Bestimmt kennen Sie noch einige aus Ihrer eigenen Kindheit.

Waschrituale sorgen für klare Abläufe

Wenn Sie das tägliche Waschen auf diese Weise spielerisch ritualisieren, lernt Ihr Kind die Abläufe kennen, merkt sie sich und kann sie später selbstständig ausführen. Ist ein Vorgang erst mal ritualisiert, wird das Kind sich nicht gegen ihn wehren, sondern ihn automatisch nachvollziehen. Dies können Sie sich zunutze machen, indem Sie bestimmte Waschvorgänge von Ihrem Kind ausführen lassen und diese als festes Bestandteil des gesamten Rituals sehen. Dann kommen Sie zu Ihrem Recht (das Kind soll auch wirklich sauber sein), ihr Kind darf sich aber auch schon selbst mit dem Waschen einüben.

Tips für Waschrituale mit Kleinkindern

● Achten Sie auf regelmäßige Wiederholung der gesamten Abläufe.

● Integrieren Sie bestimmte Teile, bei denen das Kind sich selbst waschen darf.

● Untermalen Sie einzelne Tätigkeiten mit kleinen Geschichten oder speziellen Versen.

● Bleiben Sie humorvoll, machen Sie ab und zu mal einen Spaß dabei und nehmen Sie es mit der Reinlichkeit nicht allzu genau: Das nächste Waschen kommt bestimmt.

Wenn Kinder sich nicht waschen wollen

»Unser Großer (zwölf) will sich morgens nicht waschen und kämmen. Völlig ungepflegt und schlampig geht er zur Schule. Ich schäme mich für ihn, aber er lässt sich nichts sagen. Ich glaube manchmal, es geht ihm in seinem Widerstand gar nicht so sehr um das Waschen, sondern ums Prinzip. Er möchte mir einfach beweisen, dass er die stärkeren Nerven hat.«

»Wilde Zeiten« vergehen wieder

Fast alle Jugendlichen haben einmal eine »Ferkelphase«, in der sie gegen Wasser und Seife eine wahre Aversion entwickeln. Eltern reagieren darauf oft sehr empfindlich.

Sie möchten dagegen angehen und die Kinder am liebsten zwingen, sich ordentlich zu waschen. Aber damit schüren sie den Protest der Kinder nur. Besser ist es an dieser Stelle, zunächst ruhig zu bleiben und dem Kind ohne abfällige Kommentare in seinem Bemühen um Selbstständigkeit behilflich zu sein.

Kurz vor der Pubertät leben viele Kinder ihre zweite »Ferkelphase« aus. Hauptsache gammelig, zerzaust und in den Augen der Eltern unordentlich. Alles ein Zeichen des Protestes mit dem Hintergrund, sich von den Erwachsenen zu lösen.

Der Protest geht vorüber

Kinder und Jugendliche müssen sich ab und zu von ihren Eltern abgrenzen. Das gehört zum Prozess des Erwachsenwerdens dazu. Phasen, in denen die Kinder die Körperpflege vernachlässigen, sind zwar für Eltern schwer auszuhalten, aber es ist wichtig, sie nicht unnötig durch Machtspiele mit Ihrem Kind zu verschärfen. Lassen Sie sich nicht provozieren, sondern bleiben Sie ruhig. Versuchen Sie nicht, sich hier »mit Gewalt« durchzusetzen. Dieses Problem wird sich (fast) von allein lösen. Spätestens, wenn das andere Geschlecht eine Rolle zu spielen beginnt, widmen Jungen und Mädchen ihrer Körperpflege wieder ganz von selbst mehr Aufmerksamkeit.

Sobald Ihre Kinder Augen und Interesse für das andere Geschlecht entwickelt haben, wird dem eigenen Aussehen und der Pflege des Körpers wieder ganz von selbst mehr Beachtung geschenkt. Schließlich möchte man vor dem kritischen Urteil des/der Angebeteten bestehen.

Wobei können Waschrituale helfen?

● **Waschrituale erleichtern Ihrem Kind die Übernahme von Verantwortung für den eigenen Körper.**

● **Sie helfen, einen lustvollen Umgang mit dem eigenen Körper zu erfahren.**

● **Sie dienen dazu, ein positives Körpergefühl zu entwickeln, und fördern damit auch das Selbstbewusstsein.**

Jetzt entwickeln die Kinder eigene Waschrituale

In der Pubertät entwickeln die meisten Kinder eigene Waschrituale. Allerdings werden Sie davon nicht so viel mitbekommen, weil sich diese hinter verschlossenen Türen abspielen. Sie schließen sich im Badezimmer ein und signalisieren damit den Eltern: Das geht Euch jetzt gar nichts mehr an!« Das Verstecken bedeutet aber auch: »Ich bin mir meiner noch nicht ganz sicher. Deswegen möchte ich nicht, das mich jemand dabei sieht.« In dieser Phase ist es wichtig, Ihr Kind bei seinen Bestrebungen nach Selbstständigkeit, zu unterstützen. Das können Sie tun, indem Sie Ihrem Kind vermitteln: »Ich finde dich schön!«, »Ich mag Dich leiden!« usw. Ganz vorsichtig kann man auch einmal darauf hinweisen, dass das in dieser Phase etwas unregelmäßige Körperwachstum (Länge statt Breite), sich später wieder normalisiert. Je älter Ihr Kind wird, desto mehr sollten Sie sich aus bestimmten Bereichen zurückziehen! Ihre Aufgabe besteht darin, Ihr Kind auf ein selbstständiges Leben vorzubereiten.

Gemeinsames Essen verbindet

Essen ist mehr als nur Versorgung mit lebenswichtigen Stoffen. Essen bedeutet Fürsorge, Zuwendung und Lustbefriedigung. Gemeinsames Essen fördert den Austausch, schafft Nähe und Vertrauen. Sorgen Sie durch Essrituale dafür, die gemeinsamen Mahlzeiten zu einem entspannten Beisammensein zu machen. So werden die Mahlzeiten zu einem vielfältigen Erlebnis, zu einem wichtigen Ereignis im Tagesablauf.

Kinder brauchen feste Orientierungspunkte und Regelmäßigkeit – so auch regelmäßige Essenszeiten. Essrituale helfen, aus den gemeinsamen Mahlzeiten ein entspanntes und freudvolles Beisammensein zu machen.

Den Stillvorgang immer gleich gestalten

Im Säuglingsalter entwickeln sich Essrituale fast von allein. Zunächst bestimmt natürlich Ihr Kind, wann es Hunger hat und trinken möchte. Doch schon beim Stillen können Sie Ihr Kind an bestimmte Abläufe gewöhnen. Setzen Sie sich zum Stillen beispielsweise immer auf den gleichen Sessel, streicheln Sie Ihr Kind während des Stillens auf bestimmte Art an der Wange oder am Köpfchen etc. Mütter, die schon aus dem Stillen ein kleines Ritual machen, an dessen Ablauf sich der Säugling gewöhnt und auf den er sich verlassen kann, haben später bei weiteren Schritten des Kindes in die Selbstständigkeit weniger Probleme. Je größer das Baby wird, desto länger hält die Nahrung vor und desto eher können Sie es an regelmäßige Essenszeiten gewöhnen. Mit der Zeit spielt sich zwischen Ihnen und Ihrem Kind ein bestimmter Rhythmus ein.

Tips für Essrituale bei Säuglingen und Kleinkindern

● In den ersten Monaten bekommt Ihr Baby immer dann etwas zu essen, wenn es Hunger hat. Mit dem Stillen wird zugleich das Bedürfnis nach Nähe und Zuwendung gestillt.

● Später werden die Essenszeiten langsam an die in der Familie üblichen Essenszeiten angepasst.

● Achten Sie darauf, das Kind nicht immer sofort zu stillen, wenn es schreit, sondern versuchen Sie herauszufinden, ob ihm nicht etwas anderes fehlt. Vielleicht fühlt es sich einfach nur unwohl oder allein und möchte ein wenig auf dem Arm geschaukelt werden.

● Wenn Sie Ihrem Kind bei jeder Unmutsäußerung als Trost die Brust oder später einen Schokoladenriegel geben, lernt es, seinen Gefühlshaushalt über das Essen zu regulieren. Essen wird dann zum Ersatz für unbefriedigte, seelische Bedürfnisse.

Messer, Gabel, Schere, Licht ...

Essen wie die »Großen«, das bedeutet gleichzeitig, sich die Welt dieser »Großen« langsam zu erobern.

»Meine Tochter wollte schon als kleines Kind, sobald sie einigermaßen sitzen konnte, mit Messer und Gabel essen, so wie die Großen. Wenn ich versuchte, ihr die Sachen wegzunehmen, um zu verhindern, dass sie sich damit verletzte, machte sie großen Ärger.« Sobald Ihr Kind etwas älter wird, versucht es, allein zu essen. Dabei ist es gar nicht so einfach, den Löffel zum Mund zu führen. Wenn der Spinat auf dem Lätzchen landet oder auf dem Tisch, ermuntern viele Eltern ihre Kinder an dieser Stelle nicht, sondern sagen: »Das kannst du noch nicht!« Besser ist es, schon frühzeitig kleine Essrituale einzuführen, die den Ablauf des Essens festlegen und die Selbstständigkeitsabsichten des Kindes, seinem Versuch ohne Hilfe zu essen, angemessen berücksichtigen.

So können Sie z. B., ähnlich wie beim Waschen, den Ablauf des Essens in kleine Abschnitte aufteilen und diese jeweils abwechselnd mit Ihrem Kind zusammen durchführen. »Jetzt hilft Mama mit!« oder »Jetzt kommst du dran!« Wenn Sie sich dabei mit Ihrem Kind oft genug abwechseln, wird es im Laufe der Zeit alle Abläufe auch allein durchführen können. Je mehr Sie Ihr Kind üben lassen, desto schneller kann es alleine essen – und macht so ganz nebenbei einen großen Schritt in Richtung Selbstständigkeit.

Essen sollte ein angenehmes Erlebnis sein

Viele Eltern machen sich Sorgen um die Essgewohnheiten ihrer Kinder. Sie sind bemüht, schmackhafte, abwechslungsreiche Mahlzeiten zuzubereiten und erleben es nicht selten als persönliche Kränkung und Zurückweisung, wenn Ihr Kind das nicht zu schätzen weiß. Sie versuchen, es zum Essen zu überreden, Neues auszuprobieren, und arbeiten vielleicht mit Bestechung. (»Wenn du deinen Teller leer isst, bekommst du nachher eine Belohnung.«). Wenn das nicht funktioniert, ermahnen Sie zunächst noch freundlich. (»Du musst doch was essen, du willst doch groß und stark werden.«). Schließlich drohen oder schimpfen Sie und versuchen, das Mitleid des Kindes zu erregen, z. B.: »Ich habe zwei Stunden in der Küche gestanden, um etwas Schönes zu kochen. Glaubst du, das macht mir Spaß? Wenn du sowieso nichts isst, brauche ich ja gar nicht mehr zu kochen. Komm mir nachher bloß nicht wieder an, du willst was Süßes.«

Wenn Sie Ihr Kind zu etwas zwingen, was es selber nicht will, sind weitere Schwierigkeiten vorprogrammiert. Es nimmt auf diese Weise nicht Ihre Sorge um seine Gesundheit wahr, sondern fühlt sich gegängelt, gedemütigt und zurechtgewiesen. Schreiben Sie ihm vor, was es wann zu essen hat, glaubt es, seine Bedürfnisse seien nicht in Ordnung. Mit der Zeit verliert es das Gespür dafür, was ihm gut tut und was nicht. Sein Selbstwertgefühl nimmt Schaden, und es kann unter Umständen damit beginnen, Nahrungsmittel unvernünftig und unkontrolliert in sich hineinzustopfen oder sie ganz zu verweigern.

Essen ernährt den Körper – und in Gesellschaft zu essen, nährt außerdem den Geist des Einzelnen, der Familie, der Gesellschaft. Es dient nicht nur der Nahrungsaufnahme, sondern befriedigt auch das Bedürfnis nach Kommunikation und Gemeinschaft.

Gemeinsame Mahlzeiten kultivieren

Die gemeinsame Mahlzeit symbolisiert Frieden und Harmonie, wobei im Idealfall die Harmonie weit über die Essenszeit hinaus wirkt.

● Die gemeinsamen Mahlzeiten stärken das Zusammengehörigkeitsgefühl innerhalb der Familie. Am gemeinsamen Tisch ist für jeden gesorgt, hat jeder seinen Platz. Beziehen Sie Ihr Kind, sobald es im Hochstuhl sitzen kann, in diese Runde mit ein und füttern Sie es am Tisch.

● Um das Essen vom Alltag abzuheben, sollten Sie es mit einem Ritual beginnen. Früher wurde vor dem Essen gebetet. Dadurch, dass Gott für Speis' und Trank gedankt wurde, setzte man ein klares Zeichen, dass diese gemeinsame Mahlzeit etwas Besonderes, ein kleines Geschenk ist. Mittlerweile sind viele Familien auf Distanz mit dem christlichen Glauben. Um trotzdem den Bruch mit dem Vorhergehenden zu signalisieren, könnten Sie sich beispielsweise an den Händen fassen und gemeinsam sagen: »Wir wünschen einen guten Appetit«. Erst dann dürfen alle mit dem Essen beginnen.

Besser Obst statt Sahnetorten: Ihr eigenes Vorbild ist von großer Bedeutung für die Essgewohnheiten Ihrer Kinder.

● Sorgen Sie dafür, dass die gemeinsame Mahlzeit auch als angenehme, friedliche und fröhliche Angelegenheit erlebt wird.

● Seien Sie nicht zu penibel, was die Tischmanieren angeht. Wenn Kinder immer nur ermahnt werden: »Sitz' gerade!«, »Mansch' nicht im Essen 'rum!«, »Nimm die Gabel in die andere Hand!«, dann wird das Essen nicht zu einem wichtigen Ereignis im Tagesablauf, sondern zu einem Kampfplatz, den man lieber meidet.

● Wenn Kinder bei den Mahlzeiten unter verschiedenen Angeboten wählen dürfen, beim Frühstück beispielsweise zwischen Marmelade und Käse, zwischen Schwarzbrot und Toast, stärkt das ihre Selbstständigkeit.

Süßigkeiten – ein ewiger Konfliktstoff

Kleine Kinder reagieren vor allem auf Vorbilder. Sie sehen etwas bei den Erwachsenen, bei Gleichaltrigen oder auch im Fernsehen und wollen das dann auch nachmachen oder auch haben. Eine ganze Industrie hat die lieben Kleinen als Konsumentengruppe entdeckt, mit der sich jährlich Milliarden DM umsetzen lassen. Dafür lässt die Werbung sich auch etwas einfallen. Vor allem appelliert sie an das Gesundheitsbewusstsein der Eltern: »Die Extraportion Milch«, die in der süßen Sache enthalten ist, soll über die extreme Gesundheitsschädlichkeit von Süßigkeiten hinweg täuschen. Viele Eltern lassen sich dadurch zwar nicht täuschen, sind jedoch trotzdem ziemlich hilflos, wenn es darum geht, den Süßigkeitenkonsum ihrer Kinder einzuschränken. Zwischen süßen Nahrungsmitteln und Süßigkeiten besteht ein großer Unterschied. Viele gesunde Nahrungsmittel enthalten eine natürliche Süße, ohne dass man Zucker hinzufügen muss, z. B. Früchte, naturbelassene Säfte, Gemüsesorten, Honig etc. Der Zucker, den die Nerven als Nahrung benötigen, ist außerdem ausreichend im Getreide vorhanden. Die so genannten Süßigkeiten bestehen fast nur aus Zucker sowie Fetten und haben keinerlei ernährungsphysiologischen Wert. Sie schaden dem Körper, führen zu zahlreichen Zivilisationskrankheiten und zu löcherigen Zähnen.

Süßigkeiten ersetzen keine vernünftige Mahlzeit und sollten auch nie als Trost eingesetzt werden – was leider aber nur allzu häufig geschieht.

Was tun?

Etwas Süßes sollte immer etwas Besonderes, ein Genuss bleiben. Entsprechende Rituale gewöhnen die Kinder an einen maßvollen Umgang mit den geliebten süßen Naschereien.

● Beginnen Sie erst sehr spät damit, Ihr Kind mit Süßigkeiten (oder auch Kuchen) bekannt zu machen. Je später Ihr Kind damit in Kontakt kommt, desto besser für seine Gesundheit. So lange ein Kind gar nicht weiß, wie Süßigkeiten schmecken, will es sie auch nicht haben. Erst wenn es auf den Geschmack gekommen ist, bettelt es ständig darum.

● Verbieten Sie Ihrem Kind grundsätzlich Süßigkeiten, dann werden sie erst recht verlockend oder zum Spielball familiärer Machtkämpfe. Ziel Ihrer Erziehung sollte es deshalb sein, dem Kind den maßvollen Umgang mit den süßen Versuchungen beizubringen.

● Wenn Sie Ihrem Kind Süßigkeiten geben, dann zu bestimmten, festgelegten Zeiten. So wird das Essen von Süßigkeiten zu einem Ritual. Die Kinder wissen, dass es beispielsweise täglich nach dem Mittagessen oder auch immer nur am Sonntag etwas Süßes gibt. Zu anderen Zeiten sind Süßigkeiten tabu.

● Benutzen Sie Süßigkeiten nie als Belohnung oder als Bestechungsmittel.

● Auf diese Weise lernen die Kindern, dass nicht bei jeder (gefühlsmäßigen) Regung, in der aus Frustration und Langeweile häufig der Appetit auf Süßes entsteht, mit Essen von Süßigkeiten reagiert werden muss. Sie lernen auf der einen Seite sich zurückzuhalten und ihre Bedürfnisse aufzuschieben und auf der anderen Seite ihre wirklichen Bedürfnisse viel besser zu kennen.

● Überprüfen Sie zunächst Ihren eigenen Umgang mit Süßigkeiten. Was leben Sie Ihrem Kind vor? Welche Speisen kommen überwiegend auf den Tisch?

● Halten Sie ein ausgewogenes Angebot an Nahrungsmitteln bereit. Verschaffen Sie sich dazu Informationsmaterial in Buchhandlungen oder Bibliotheken.

● Bieten Sie als Zwischenmahlzeiten immer wieder Obst an. Als gesunde Alternativen zu Süßigkeiten eignen sich Trockenfrüchte oder Quarkspeisen, die Sie mit frischem Obst zubereiten können.

Wie halten Sie es mit Süßigkeiten?

Natürlich ist die Einhaltung der gerade erwähnten Regeln stark von Ihrem eigenen Umgang mit Süßigkeiten abhängig. Nehmen Sie deshalb auch Ihr eigenes Essverhalten genauer unter die Lupe. Sind Sie in dieser Hinsicht ein gutes Vorbild? Oder nehmen Sie es mit den Süßigkeiten auch nicht so genau? Haben Sie selbst auch oft Appetit auf Süßes und geben ihm nach? Sollten Sie hier häufiger mit »Ja« antworten müssen, tun Sie gut daran, zuerst etwas an Ihrer Einstellung zu Süßem und an Ihrem eigenen Verhalten zu verändern, bevor Sie sich an das der Kinder heranmachen. Sonst laufen Sie Gefahr, ihnen gegenüber unglaubwürdig zu werden. Ein ganz heikles Thema sind in diesem Zusammenhang die gut gemeinten Mitbringsel der Großeltern, Tanten und Onkeln. Hier gilt es, einen klaren Weg einzuschlagen und auch einzuhalten. Vereinbaren Sie mit Ihren Verwandten und Freunden, dass nur Sie allein entscheiden, wann und wie viel von den Gaben genascht werden darf. Ein Kompromiss: ein Stückchen darf direkt probiert werden, der Rest wird aufbewahrt und in vernünftigem Maß nach und nach verspeist.

Wie in der gesamten Erziehung zählt auch in Sachen »Umgang mit den Süßigkeiten« wieder Ihr eigenes Vorbild. So wie Sie und Ihr Partner es mit dem kleinen Schoko-Riegel für Zwischendurch halten, so werden auch Ihre Sprösslinge sich verhalten. Übrigens, scheuen Sie sich nicht, diesbezüglich ein ernstes Wort mit Oma und Opa zu reden.

Wobei können Essrituale helfen?

- Das gemeinsame Essen fördert das Zusammengehörigkeitsgefühl innerhalb der Familie.

- Durch geregelte Essenszeiten gewöhnt sich Ihr Kind an einen festen Tagesrhythmus und lernt auch, sich zurückzuhalten, bis es etwas zu essen gibt.

- Werden Essrituale lustvoll gestaltet, lernt Ihr Kind zu genießen.

- Essrituale gewöhnen Kinder an einen maßvollen Umgang mit Süßigkeiten.

Rituale in der Freizeit

Feste Zeiten für Spiel und Spaß

Nehmen Sie sich Zeit für die Beschäftigung mit Ihrem Kind. Es braucht die regelmäßige Zuwendung der Eltern auf seinem Weg ins Leben.

Kinder – besonders kleine Kinder – fordern ständig, wie ein Nimmersatt. Planen Sie deshalb Phasen ein, die nur Ihnen allein gehören, um danach wieder voll und ganz für die Kinder da zu sein.

»Ich habe meinen Kindern schon sehr früh beigebracht, dass ich nicht immer für sie Zeit haben kann. Aber wenn ich Zeit hatte, dann habe ich mich auch ausgiebig mit ihnen beschäftigt. Wir haben ein kleines Ritual daraus gemacht!«

Viele Mütter glauben, sie müssten immer für ihr Kind da sein, auch dann, wenn sie weder Lust, noch Zeit, noch Kraft dazu haben. Auch in solchen Situationen können Rituale dabei helfen, den Tag besser zu strukturieren, so dass jeder auf seine Kosten kommt. Führen Sie bestimmte Zeiten oder Situationen ein, in denen Sie zuverlässig immer mit Ihren Kindern spielen. Wenn sich die Kinder auf diese Spielzeiten verlassen können, akzeptieren sie es auch leichter, dass Mama nicht immer für sie da sein kann.

● Nehmen Sie sich beispielsweise jeden Vormittag, nachdem Sie das größere Kind in den Kindergarten gebracht haben und wieder zu Hause sind, eine halbe Stunde Zeit für das jüngere Geschwisterkind. Gehen Sie dabei ganz auf seine Spielwünsche ein, lesen Sie ihm etwas vor, malen Sie gemeinsam oder bauen Sie mit Legosteinen. Erst dann beginnen Sie mit der Hausarbeit.

● Gönnen Sie sich beispielsweise nach dem Mittagessen eine Viertelstunde, in der Sie gemütlich eine Tasse Kaffee trinken oder in der Zeitung blättern. Erklären Sie dem Kind, dass sie dabei nicht gestört werden wollen, aber danach ganz bestimmt mit ihm spielen werden. Stellen Sie ihm einen Wecker oder legen Sie immer eine bestimmte CD ein. Wenn der Wecker klingelt oder die CD aus ist, weiß das Kind, dass jetzt »seine« Zeit kommt, in der Mama mit ihm spielt.

● Wenn abends der Vater heimkommt, will er sich meist erst einmal von dem arbeitsreichen Tag erholen. Die Kinder allerdings brennen darauf, den Papa sofort in Beschlag zu nehmen. Auch da können Sie mit den Kindern vereinbaren, dass der Papa, wenn er heimkommt, beispielsweise erst einmal ungestört die Nachrichten sehen darf. Nach dem Wetterbericht schaltet er den Fernseher aus, und spielt mit den Kindern im Kinderzimmer, bis es Abendbrot gibt.

● Auch für das Wochenende können bestimmte Spielrituale eingeführt werden, beispielsweise dass das Kind am Sonntag morgen beispielsweise immer ins Ehebett darf und der Papa dann lustige Geschichten erzählt, oder dass am Sonntagvormittag die Kinder am Computer spielen dürfen, während das unter der Woche verboten ist.

Kindern fällt es leichter zu akzeptieren, dass auch die Mutter oder der Vater einmal eine Pause braucht, wenn sie wissen, dass sie hinterher wieder ganz für sie da sein werden.

● Es gibt aber auch die Möglichkeit, mit dem Kind zu »spielen«, wenn Sie, im wahrsten Sinne des Wortes, beide Hände voll zu tun haben, z.B. bügeln oder Fenster putzen, und das Kind Ihnen nicht vom Rockzipfel weichen will. Spinnen Sie mit ihm an einer unendlichen Phantasiegeschichte. Bringen Sie die Phantasie Ihres Kindes einfach mal ins Rollen: »Stell dir einmal vor, du würdest im ...«, oder »Stell dir einmal vor, du wärest ein ...«, oder »Stell dir einmal vor, du könntest ...«, und lassen Sie sich überraschen, was da für tollkühne, lustige oder gefährliche Abenteuergeschichten entstehen.

Rituale sind von großer Bedeutung für die kindliche Entwicklung – auch für die Spielzeiten sollte es daher Regeln und Rhythmen geben, an denen sich die Kinder orientieren können.

Mama hat nicht immer Zeit für mich

Wie bei allen Ritualen kommt es auch bei diesen »Spielritualen« darauf an, dass sie regelmäßig stattfinden und dass die Kinder sich darauf verlassen können. Wenn das Kind weiß, dass es feste Spielzeiten gibt, wird es sich im Laufe der Zeit auf diese Minuten freuen, in denen Sie sich ihm ungestört zuwenden können. Aber es lernt auch, auf Sie zu warten und zu registrieren, dass Sie nicht immer zur Verfügung stehen können.

Selbstständiges Spielen fördern

Hausarbeit ist für die älteren Kinder meist nichts anderes als eine ungeliebte Pflicht. Nicht so bei den Kleinen, die mit sichtbar vor Stolz geschwellter Brust die ersten Löffel selbst abtrocknen dürfen. Nutzen Sie diese Phase aus, um Ihr Kind spielerisch an der Hausarbeit zu beteiligen.

Solange Ihr Kind sehr klein ist, sollten Sie so häufig wie möglich mit ihm spielen. Mit jedem Lebensmonat, den es älter wird, können Sie ihm mehr Zeit lassen, die es mit sich selbst verbringt. Zeigen Sie ihm Spiele, die es auch alleine spielen kann. »Puzzlen« ist z. B. so ein Spiel. Wenn Sie ein Puzzle benutzen, das der Altersklasse Ihres Kindes entspricht, überfordern Sie es nicht. Sie zeigen ihm, wie es geht, und probieren es einige Male durch, bevor Sie sich mit den Worten verabschieden: »Willst du es mal allein probieren? Ich bin überzeugt davon, du schaffst das!« Loben Sie das Kind für seine selbstständigen Versuche, auch wenn Sie am Anfang vielleicht doch noch etwas mithelfen müssen. Mit der Zeit wird das Kind stolz darauf sein, es wirklich ganz alleine zu schaffen. Vergessen Sie nicht: Die Rolle der Eltern besteht letztlich darin, sich im Laufe eines Kinderlebens überflüssig zu machen.

Beziehen Sie Ihr Kind spielerisch in die Arbeit mit ein

Dieses tägliche Spielen mit den Kindern kann aber auch auf weitere Bereiche ausgedehnt werden. Kinder lieben es, wenn sie ganz ungezwungen mit in die Hausarbeit einbezogen werden. Das gibt ihnen das Gefühl, dass sie gebraucht werden, dass sie wichtige Aufgaben übernehmen können. Mit etwas Nachdenken und etwas Phantasie finden Sie in Ihrem Haushalt sicher viele kleine (ungefährliche) Möglichkeiten, mit denen Sie Ihr Kind spielerisch an bestimmte, immer wiederkehrende Aufgaben heranführen können.

Wenn Sie morgens Müsli zubereiten, hilft Ihr Kind immer, die Bananen zu schälen und mit dem Kindermesser klein zu schneiden.

Wenn Sie Kuchen backen, darf das Kind mithelfen, nach und nach die von Ihnen abgewogenen Zutaten in die große Schüssel zu geben. Dafür darf es hinterher auch die Schüssel ausschlecken. Und Selbstgebackenes schmeckt gleich noch mal so gut.

Wenn Sie Staub saugen, darf das Kind am Schluss immer die Taste drücken, damit sich das Kabel wieder aufrollt.

Wenn Sie die Betten frisch überziehen, hilft Ihnen das Kind, die Knöpfe zuzumachen.

Auf diese Weise beschäftigen Sie sich mit Ihrem Kind und gewöhnen es gleichzeitig daran, später im Haushalt mitzuhelfen.

Wobei können Spielrituale helfen?

● Spielrituale sorgen dafür, dass Ihr Kind auch in hektischen Zeiten genügend Zuwendung bekommt.

● Spielrituale vertiefen die Beziehung zu ihrem Kind.

● Wenn Ihr Kind sich auf feste Spielzeiten verlassen kann, lernt es eher zu akzeptieren, dass Sie manchmal auch mit anderen Dingen beschäftigt sind.

● Wenn Sie manche Hausarbeiten mit speziellen Spielen verbinden, schlagen Sie zwei Fliegen mit einer Klappe.

Feste Spielzeiten müssen regelmäßig stattfinden, und Ihr Kind muss sich vor allem darauf verlassen können, dass Sie diese vereinbarten Zeiten auch einhalten. Plötzliche Änderungen wird es nicht verstehen können. Versprochen ist hier auf jeden Fall versprochen.

Wie viel fernsehen darf ein Kind?

»Unsere Tochter wollte schon, als sie noch ganz klein war, regelmäßig fernsehen. Sie hatte das von den großen Geschwistern abgeguckt. Nicht selten kam ich nachmittags vom Einkaufen zurück, dann saß die ganze Bande in holder Eintracht vor der Glotze. Mir war das ganz recht, weil es dann keinen Streit gab. Alle waren still und starrten gebannt auf den Fernsehschirm.«

Kennen Sie das auch? Haben Sie nicht auch schon so manches Mal gedacht, jetzt den Fernseher anstellen, dann sind sie sofort ruhig? Aber dann meldet sich umgehend das schlechte Gewissen: »Du

Fernsehen sollte ein außergewöhnliches Erlebnis sein - und möglichst auch bleiben. Betten Sie hierfür die Fernsehzeit in geeignete Rituale ein. Es geht dabei nicht um ein grundsätzliches Verbot, denn nicht alles, was in der Flimmerkiste dargeboten wird, ist verdammenswert. Es geht jedoch um die rechte Dosierung und kindgerechte Auswahl.

kannst doch deine Kinder nicht dauernd vor den Fernseher abschieben, nur weil das so wunderbar bequem ist!« Sicher ist das bequem. Trotzdem sollten Sie das unbedingt stoppen. Untersuchungsergebnisse über das Fernsehverhalten zeigen beängstigende Zahlen: Die meisten Kinder sehen pro Tag bis zu drei Stunden fern. Einige sogar bis zu sechs Stunden. Ist das in Ihrem Sinne?

Das richtige Maß entscheidet

Für den Fernsehkonsum Ihrer Kinder gilt grundsätzlich das Gleiche wie für den Umgang mit Süßigkeiten: Nicht gänzlich verbieten, sondern wohl dosieren! Wenn Sie mit gutem Beispiel vorangehen, können Sie versuchen, Ihr Kind so lange wie möglich vom Fernseher fern zu halten. Je später es damit in Kontakt kommt, desto besser. Ganz sollten Sie das Fernsehen auf keinen Fall verbieten. Es gehört zu unserem Kulturkreis. Anstatt Verbote auszusprechen, empfehle ich Ihnen, Ihrem Kind den vernünftigen Umgang mit diesem Medium zu vermitteln.

● Wählen Sie aus dem Programmangebot gezielt bestimmte Sendungen aus, die das Kind sehen darf. Je kleiner Ihr Kind ist, desto eher sollten Sie auswählen. Wenn es größer ist, können Sie die Wünsche des Kindes soweit berücksichtigen, wie Sie es als vertretbar empfinden. Vor und nach diesen Sendungen bleibt der Fernseher aus.

● Signalisieren Sie Ihrem Kind, dass Fernsehen etwas Außergewöhnliches ist. Bereiten Sie den Fernsehraum vor, indem Sie den Platz Ihres Kindes (weit genug vom Fernseher weg) gemütlich ausstatten.

● Machen Sie es sich gemeinsam mit Ihrem Kind bequem und weisen Sie es auch sprachlich darauf hin, dass es jetzt etwas Besonderes gibt: »Jetzt kommt Sesamstraße!«

● Sieht Ihr Kind allein fern, dann bitten Sie es, Ihnen mitzuteilen, wenn Ernie und Bert sich verabschiedet haben.

● Je mehr Sie den besonderen Charakter des Fernsehens betonen, desto mehr lernt Ihr Kind: Fernsehen ist etwas, das es nicht immer und nicht jeden Tag bekommt.

Tips für das Fernsehen mit Kleinkindern

- **Je weniger Ihr Kind fernsieht, desto besser.**

- **Verwenden Sie den Fernseher nicht als »Babysitterersatz«.**

- **Wählen Sie kindgerechte und seinem Alter entsprechende Sendungen für Ihr Kind aus.**

- **Vermitteln Sie Ihrem Kind: Fernsehen ist etwas Besonderes.**

Die anderen dürfen das aber sehen!

»Manchmal kommen meine Kinder aus dem Kindergarten und wollen auf einmal eine Sendung sehen, von der ich genau weiß, dass sie die noch nie gesehen haben!«

Je älter Ihr Kind wird, desto mehr ist es den Einflüssen anderer Gleichaltriger ausgesetzt. Es sieht, hört und lernt, was andere machen, und möchte das selbstverständlich auch ausprobieren. Das gilt natürlich auch für bestimmte Fernsehsendungen. Sicherlich haben Sie auch schon versucht, Ihr Kind vor dem Einfluss bestimmter Sendungen zu bewahren, nur um dann festzustellen, dass es die Sendungen bei den Eltern anderer Kinder sehen durfte. Davor können Sie sich nur schützen, wenn Sie schon vorher etwas unternehmen. Reden Sie deshalb mit den Eltern der Spielkameraden Ihres Kindes über das, was Ihr Kind im Fernsehen sehen darf und was nicht.

»Ich hatte mich sehr geärgert, dass mein Sohn (fünf) bei seinem Freund Actionfilme sehen durfte. Die Eltern hatten anscheinend nichts dagegen, so dachte ich. Bei einem Gespräch stellte sich aber heraus, dass sie genauso wie ich gegen diese Filme sind. Sie hatten es allerdings manchmal versäumt, das Fernsehschauen der Kinder auch zu kontrollieren. Diese hatten nämlich jedesmal umgeschaltet, sobald die Mutter das Zimmer verlassen hatte.«

Lassen Sie sich nicht erst von Ihrem Kind austricksen, sondern werden Sie schon vorher aktiv. Das vorbeugende Gespräch mit anderen

Vor den Einflüssen anderer können Sie Ihr Kind nicht bewahren. Sprechen Sie sich daher mit den Eltern der Spielkameraden Ihres Nachwuchses ab, was und wie viel im Fernsehen angeschaut werden darf. Kleine Fragen, mit denen sie einerseits Ihr Interesse bekunden, klären Sie andererseits darüber auf, ob die elterliche Marschrichtung auch eingehalten wird.

Eltern, bei denen sich Ihr Kind öfters aufhält, kann sehr wirkungsvoll sein. Im Vordergrund sollte dabei stehen, dass Ihr Kind merkt, dass Sie sich dafür interessieren, was es im Fernsehen sieht. Dabei sollten Sie keine Verbote aussprechen, ohne diese näher zu erklären. Besser ist es, Ihrem Kind den Sinn dieser Maßnahme deutlich zu machen. Außerdem ist es manchmal wichtig, nach dem Fernsehen aktiv zu werden und mit Ihrem Kind über die Sendung zu sprechen. Ihr Kind wird nicht immer alles verstehen, was es sieht.

Die Trennung zwischen Realität und Fiktion fällt den Kindern noch ziemlich schwer. Daher ist es außerordentlich wichtig, mit ihnen zusammen fernzusehen und die angeschaute Sendung gemeinsam zu besprechen.

Tips für das Fernsehen mit Kindergartenkindern

● **Erklären Sie Ihrem Kind, warum Sie nicht möchten, dass es bestimmte Sendungen sieht.**

● **Sprechen Sie mit Ihrem Kind die Sendeinhalte durch, damit helfen Sie ihm, das Gesehene besser zu »verdauen«.**

● **Sprechen Sie auch mit den Eltern von Freunden, bei denen sich Ihr Kind öfter aufhält, über Ihre Vorstellungen.**

● **Achten Sie darauf, dass Ihr Kind in diesem Alter möglichst noch nicht täglich fernsieht. Vier Stunden pro Woche sind ausreichend.**

Mit dem Kind über die Sendungen sprechen

Wenn Sie möchten, dass Ihr Kind das Gesehene seelisch gut verdaut, sprechen Sie mit ihm über die Sendung. Dieses spätere »Besprechen« können Sie ebenfalls recht einfach ritualisieren, indem Sie Ihr Interesse signalisieren und Ihr Kind fragen, was es gesehen hat. »Jetzt erzähl mir mal, was passierte denn eigentlich in diesem Film?« Sobald Ihr Kind bemerkt, dass Sie sich für den Film interessieren, den es gesehen hat, wird es Ihnen bereitwillig den Inhalt erzählen. Im Laufe der Zeit lernen Sie auf diese Weise die spezifischen Ängste Ihres Kindes genau kennen. Meistens bevorzugen Kinder einige Verhaltensweisen aus solchen Filmen und ekeln oder ängstigen sich vor anderen. Für Sie als Eltern kommt es darauf an, Ihrem Kind zu vermitteln, dass es sich bei den angstauslösenden Ereignissen doch nur um einen Film handelt und dass das, was da passiert, »nicht wirklich passiert, sondern nur gespielt ist!«

Vorsicht bei Action- und Horrorfilmen

»Ich muss immer öfter feststellen, dass meine Kinder (sechs und acht Jahre) von Action- und Gewaltszenen im Fernsehen fasziniert sind. Das erschreckt mich. Ich will sie doch zu friedfertigen, sozial engagierten Menschen erziehen.«

Je älter Ihr Kind wird, desto weniger werden Sie vermeiden können, dass es von Action- und Horrorfilmen fasziniert ist. Sie können den Umgang mit solchen Filmen in Bahnen lenken, indem Sie einmal pro Woche das Fernsehprogramm gemeinsam durchgehen und versuchen, aus dem breiten Band der heiß begehrten Sendungen bestimmte Filme auszuwählen, die Sie gemeinsam ansehen und hinterher besprechen. Weisen Sie auf die Gefahren hin und machen Sie Ihren Kindern klar, dass es immer wieder vorkommt, dass Kinder Gewaltszenen aus diesen Filmen nachahmen und dabei anderen Menschen Schaden zufügen. Beispiele dafür finden Sie in der Tagespresse. Wenn Sie so einen Beitrag finden, schneiden Sie den Zeitungsausschnitt ruhig aus und sprechen Sie mit Ihrem Kind über die dort geschilderten Ereignisse.

Auf Ihr Vorbild kommt es an

Wenn Sie selbst zum Entspannen abends fernsehen, ohne sich viel Gedanken darüber zu machen, was Sie sich ansehen, geben sie ihrem Kind ein schlechtes Vorbild. Machen Sie aber mit ihrem eigenen Fernsehverhalten deutlich: »Wir sehen uns nur ausgewählte Sendungen an, die wir gut finden!«, dann haben Sie gute Chancen, dass Ihr Kind sich daran orientiert.

Kinder lernen durch Nachmachen und Abschauen. Das Angebot der Fernsehanstalten lädt allerdings nicht immer zu nachahmenswerten Dingen ein, besonders, wenn es um Gewalt geht. Daher sollten Sie ein verstärktes Augenmerk auf die Auswahl der Fernsehsendungen legen.

In Ruhe und Harmonie zu Bett gebrachte Kinder schlafen problemloser ein.

Vor allem kleinere Kinder können die Ereignisse eines aufregenden Tages noch nicht so schnell verarbeiten. Deshalb spukt noch viel Erlebtes am Abend in ihrem Kopf herum. Vertreiben Sie diese »Unruhegeister« mit geeigneten Ritualen.

Rituale beim Zubettgehen

Erleichterungen für das Einschlafen

Einschlafrituale wie vorzusingen, vorzulesen, sich ans Bett zu setzen, die Spieluhr laufen zu lassen, Küsschen zu geben, sich zu umarmen, schöne Träume zu wünschen und zu beten dienen dazu, den Tag abzuschließen, das Kind zu beruhigen und auf die kommende Nacht einzustimmen. Wie bei jedem Ritual ist es wichtig, dass es regelmäßig stattfindet und dass es stets einem bestimmten, gleichbleibenden Ablauf folgt.

Einschlafrituale für Säuglinge

»Ich hatte meinen kleinen Sohn von Anfang an daran gewöhnt, dass ich ihm beim Einschlafen ein Lied vorsang. So klein er auch war, wehe, ich vergaß das Singen, wenn ich glaubte, keine Zeit zu haben. Dann schrie er wie am Spieß, so lange, bis ich dann doch gesungen habe!«
Schon Säuglinge entwickeln ihre Vorlieben, mögen es, wenn manche Dinge immer wieder gleich ablaufen. Ganz egal, ob Sie dem Baby zum Einschlafen immer ein bestimmtes Lied vorsingen, ob Sie eine Melodie summen oder ihm mit ruhiger Stimme eine kleine Geschichte erzählen, es wiegen oder eine Spieluhr laufen lassen – wenn Sie das Baby an einen bestimmten Ablauf gewöhnen, wird es dieses Signal schon bald wiedererkennen. Das Baby genießt es, dass Sie beim Einschlafen ganz bei ihm sind. Es fühlt ihre körperliche Nähe, hört den ihm vertrauten Klang Ihrer Stimme. Das gibt ihm die nötige Ruhe und Sicherheit, sich fallen zu lassen und einzuschlafen.

Schaffen Sie eine ruhige Atmosphäre

● Wenn Sie Ihr Kind in einer Atmosphäre von Hektik und Krach ins Bett bringen und dabei selbst noch nervös sind, müssen Sie damit rechnen, dass sich vieles davon auf Ihr Kind überträgt. Gerade im Säuglingsalter haben Kinder für die Nervosität der Mutter (oder des Vaters) eine sensible Antenne.

● Am Besten ist es daher, vor dem Zubettbringen Ihres Kindes einen Moment innezuhalten und für innere und äußere Ruhe zu sorgen. Wenn Sie noch andere Kinder haben, ist das ein guter Zeitpunkt, damit diese lernen, auf ihr Brüderchen oder Schwesterchen zu bestimmten Zeiten etwas Rücksicht zu nehmen.

● Auch gedämpftes Licht oder Dunkelheit sorgen für mehr Ruhe beim Einschlafen. Ich kenne viele Eltern, die über Schlafschwierigkeiten ihrer Kinder klagen und dabei einen wesentlichen Faktor völlig außer Acht lassen: Den Wechsel zwischen Tag und Nacht,

Am Abend nach einem ereignisreichen Tag Ruhe finden zu können, ist weder für Eltern noch für Kinder von einem Moment auf den anderen selbstverständlich oder leicht. Nicht nur die äußeren Umstände müssen da passen – sondern auch die innere Einstellung.

Dass der Teddybär über das Einschlafen wacht, ist für Kinder häufig genauso wichtig wie von den Eltern ins Bett gebracht zu werden.

zwischen hell und dunkel. Unser Körper ist auf diesen Wechsel biologisch programmiert. Das heißt: Solange es hell ist, werden bestimmte Stoffe im Stoffwechsel produziert, die uns aktiv halten. Wird es jedoch dunkel, produziert unser Organismus ein Hormon, welches uns hilft, einzuschlafen. Diesen angeborenen biologischen Mechanismus gilt es, durch das Löschen des Lichtes nach dem Schlafengehen zu unterstützen.

Wenn das Sandmännchen streikt

»Peter (drei Jahre) hatte große Probleme am Abend ins Bett zu finden. Immer wieder musste er aufstehen, kam ins Wohnzimmer und nörgelte herum. ›Ich kann nicht schlafen!‹, ›Ich habe noch Durst!‹, ›Ich habe Angst!‹ und viele andere Gründe mehr veranlassten ihn dazu, immer wieder aufzustehen. Nach ein paar Wochen war ich so weit, dass ich gar nicht mehr wusste, was ich machen sollte.«
Vielen Eltern ergeht es so wie der Mutter von Peter. Sie registrieren ein Verhalten bei Ihrem Kind, können es nicht einordnen und wissen vor allem in vielen Fällen nicht, was sie dagegen unternehmen können. Einschlafrituale können eine wichtige Hilfe sein, zu einem normalen Einschlafrhythmus zu gelangen.

Einschlafrituale im Kleinkindalter

Im Kleinkindalter haben Einschlafrituale einen ganz besonderen Stellenwert. So aktiv die Kinder jetzt schon am Tagesgeschehen teilnehmen, so schwer fällt es ihnen, abends zur Ruhe zu kommen. Einige Kinder wollen abends auch nicht ins Bett, weil sie noch etwas mit ihren Eltern zusammen sein wollen. In vielen Familien ist es heute leider so, dass Mutter und Vater auf Grund täglicher Alltagsbelastung nicht in dem Maße für die Kinder zur Verfügung stehen, wie Kinder sich das wünschen. Und auch am Abend sind sie meistens so erschöpft, dass die Kinder leicht etwas zu kurz kommen.

Wenn Sie langsam aber sicher die Geduld verlieren, weil Ihr Kind mit ständig neuen Tricks und Ausreden versucht, das Einschlafen hinauszuzögern, sollten Sie sich an Ihre eigene Kindheit erinnern. Taten Sie nicht auch alles, um von der »faszinierenden« Erwachsenenwelt noch möglichst viel mitzubekommen?

Häufig ist es ja so, dass die Eltern es sich am Abend gemütlich machen wollen, um etwas auszuruhen. Die Kinder bekommen diese Vorbereitungen mit und möchten an der Gemütlichkeit teilnehmen. Die Eltern fühlen sich nun aber gerade von dem immer wiederkehrenden Kind in ihrer Ruhe gestört. Die Erfahrung hat gezeigt, dass man nicht umhin kommt, sich zunächst mit den Bedürfnissen der Kinder zu beschäftigen, wenn man wirklich auch Ruhe für sich selbst erreichen will.

Die Gutenachtgeschichte gehört dazu

Nehmen Sie sich regelmäßig die Zeit, sich abends an das Bett ihres Kindes zu setzen. Dabei können sich Mutter und Vater ja auch abwechseln. Wie Sie die Zeit dann verbringen, wird sich sehr schnell einspielen. Oft entwickeln Kinder ihre eigenen Spiele, an denen die Eltern dann nur teilnehmen müssen, beispielsweise werden alle Stofftiere oder Puppen noch einmal gestreichelt, bekommen einen Kuss und werden dann zugedeckt. Oder aber das Kind möchte gerne eine Geschichte oder ein Lied hören. Vielleicht sprechen Sie mit dem Kind auch noch einmal über den vergangenen Tag. Was war heute besonders schön? Was hat dich geärgert? Was wird wohl morgen Schönes passieren?

Kinder haben ein Anrecht darauf, für das Umschalten vom Tag auf die Nacht von ihren Eltern Unterstützung zu bekommen. Dass diese notwendige Hilfestellung Ihnen unter Umständen ein Stück Ihres wohlverdienten Feierabends raubt, müssen Sie akzeptieren.

Abends ist immer alles wieder gut

Gerade an Tagen, die hektisch waren, an denen Vater und Mutter wenig Zeit hatten, sich um das Kind zu kümmern, an denen es vielleicht sogar Streit gab, signalisiert das Einschlafritual, dass nicht alles in Unordnung geraten ist, dass die Eltern es weiterhin lieb haben und dass – ganz egal was untertags passiert – abends immer wieder alles gut werden wird. Darauf sollten Kinder sich verlassen können.

Ein immer wiederkehrendes Einschlafritual vermittelt Sicherheit und Geborgenheit. Die äußere »Ordnung« vermittelt innere Entspannung.

Alles muss seinen gewohnten Gang nehmen

Kleinkinder nehmen schon sehr bewusst an ihrem Einschlafritual teil. Sie achten sehr genau darauf, dass der ganze Ablauf auch seine Richtigkeit hat und entwickeln dabei teilweise ihre ureigenen Gepflogenheiten. Uns fällt es manchmal schwer, die Wünsche und »Marotten« des Kindes wirklich ernst zu nehmen. Warum muss denn ausgerechnet der Teddy mit ins Bett, der jetzt gerade einfach nicht zu finden ist. Warum kann es denn nicht ausnahmsweise mal der Stoffelefant sein? Warum muss denn über Wochen hinweg die gleiche Geschichte vorgelesen werden, die sowohl die Eltern als auch das Kind schon in- und auswendig kennen? Kann es denn nicht einmal eine andere sein? Und warum darf man beim Vorlesen nicht einmal ein paar Worte oder Sätze weglassen, die für den Verlauf der Geschichte unwesentlich sind? Doch unsere Kinder denken nicht in unseren Kategorien von wesentlich und unwesentlich. Alle Worte, Handlungen, Tiere, Schmusedecken, Bettzipfel und Nachttischlampen, die gestern, vorgestern und am Tag zuvor ein ruhiges Einschlafen sicherten, sind gleich wichtig. Also muss auch alles so – und zwar genau so – wiederholt werden. Das gibt Sicherheit, das macht ruhig, das hilft beim Einschlafen.

Hand aufs Herz! Ist es für Sie nicht auch beruhigender und behaglicher, wenn Sie am Abend wie gewohnt ihre momentane Lektüre neben dem Liegesessel und den Lieblingscognac in der Bar vorfinden, anstatt sich erst alles zusammensuchen zu müssen, weil der Partner wieder einmal die Wohnung umgeräumt hat. Auch kleinere »Sicherheiten« entspannen.

Mit Musik beruhigt einschlafen

Kinder, die sich beim Einschlafen fürchten, brauchen etwas Beruhigendes, was sie gleichzeitig aber auch ablenkt und/oder auf andere Gedanken bringt. Manchmal hilft es, wenn sie nach dem Gutenachtkuss noch ein wenig Musik hören dürfen. Als Einschlafmusik eignen sich alle Musikstücke, die bestimmte Tempi verwenden, die dem menschlichen Herzschlag entsprechen, beziehungsweise etwas langsamer sind als der natürliche Herzschlag. Angst oder Unruhe erzeugt in der Regel eine höhere Herzschlagfrequenz. Leise, ruhige, besonders auch klassische Musik, z. B. ein Adagio, führt nach kurzer Zeit zu einer Beruhigung. Besonders geeignet ist auch Meditationsmusik, um Kinder mit Einschlafstörungen zu beruhigen.

Die Wirkung von Musik auf die menschliche Psyche ist hinlänglich bekannt: Von der totalen Überreizung bis hin zur tranceähnlichen Besänftigung spannt sich der Bogen der Beeinflussungsmöglichkeiten. Sie sollten deshalb genau beobachten, wie die für das Einschlafen gedachte Musik auf Ihr Kind wirkt, ob es womöglich noch nervöser wird …

So kann Ihr Kind besser einschlafen

● Schaffen Sie am Abend eine ruhige Atmosphäre, sorgen Sie für angenehme Beleuchtung. Vielleicht kann ja auch der Fernseher ausbleiben, bis die Kinder im Bett sind.

● Nehmen Sie sich zuverlässig jeden Abend die Zeit für das Einschlafritual. Natürlich können sich die Elternteile dabei abwechseln.

● Setzen Sie das Ritual niemals als Drohmittel ein, nach dem Motto: Wenn du nicht brav bist, gibt es heute keine Gutenachtgeschichte. Einschlafrituale sind keine Belohnung für gute Führung, sondern geben dem Kind – gerade auch an unerfreulichen Tagen – Geborgenheit und Halt.

● Gestalten Sie das Einschlafritual immer gleich, auch wenn Sie das langweilig finden. Dass alles so ist, wie es gestern war und wie es morgen sein wird, beruhigt das Kind und gibt ihm Sicherheit.

Das Abendgebet – ein Kapitel für sich

»Laura betet mit mir zusammen jeden Abend vor dem Einschlafen. Dabei erzählt sei dem lieben Gott ihre Sorgen und Nöte, bittet ihn, ihr zu helfen, und dankt ihm dafür, wenn sie etwas besonders Schönes erlebt hat.«

Das Gebet ist eine der ältesten rituellen Handlungen dieser Welt. Es geht dabei nicht nur um die Hinwendung zu einer Gottheit, sondern vor allem auch um die menschliche Selbstbesinnung als wichtige Voraussetzung, um persönliche Problematik zu erkennen und zugleich neue psychologische Kraft zu schöpfen.

Viele Menschen haben ihren Glauben an Gott verloren oder sich von der Institution Kirche abgewandt. Vielleicht geht es Ihnen auch so. Aber Sie denken vielleicht auch manchmal – jetzt, wo Sie älter sind und selber Kinder haben –, dass Ihnen etwas Elementares verloren gegangen ist, dass Sie Ihren Kindern gerne den Glauben an Gott vermitteln möchten. Dann lernen Sie doch einfach mit und von Ihrer Kindern. Dafür ist es nie zu spät.

Kinder erleben ihre Gefühle sehr tief. Sie können sehr viel Angst haben, aber auch viel Hoffnung, Zuversicht und Dankbarkeit empfinden. Das Zwiegespräch mit dem lieben Gott hilft dem Kind, seinen Gefühlen Ausdruck zu verleihen. Es stärkt das Kind in seinem Glauben, dass es etwas gibt, das größer ist, als es selbst und das ihm helfen kann, Krisen zu überstehen. Seine Wünsche kommen aus tiefstem Herzen und es hat ein großes Vertrauen in die Erfüllbarkeit. Jetzt werden Sie vielleicht einwenden, dass Gott ja nicht alle Wünsche erfüllt. Das ist richtig. Das Kind erfährt jedoch durch das Beten Entlastung und Befreiung von innerem Druck.

Wenn Sie gemeinsam mit Ihrem Kind beten, wissen Sie um seine Nöte und können entsprechend darauf eingehen. Wenn Sie selbst auch mitbeten, weiß Ihr Kind mehr von Ihnen, als es sonst mitbekommt. So wird das Gebet zum Moment der Selbstbesinnung und des gegenseitigen Vertrauens. Eine schöne Art und Weise, den Tag ausklingen zu lassen.

Einschlafrituale im Schulalter

»Als Frank acht Jahre alt wurde, wollte er abends keine Gutenachtgeschichte mehr hören. ›Ich bin doch kein Baby mehr‹, meinte er ganz vorwurfsvoll zu mir. Ich habe mir dann einige Zeit lang überlegt, was an die Stelle der alten Geschichte treten könnte, aber mir fiel nichts ein. Dann kam ich auf die Idee, dass Frank ja nun auch langsam alt genug sei, sein eigenes Ritual zu entwickeln. Wenn er im Bett lag, sahen wir zusammen auf die Uhr. Er durfte dann noch eine halbe Stunde lang lesen oder Musik hören, sollte danach aber selbst das Licht löschen. Frank war mit der neuen Regelung sehr zufrieden und auch ein wenig stolz, dass ich soviel Vertrauen in ihn setzte. Immer, wenn ich etwa fünf Minuten nach dem vereinbarten Limit ins Zimmer schaute, um zu kontrollieren, ob das Licht tatsächlich aus ist, war es im Zimmer dunkel und Frank tat sogar so, als schliefe er schon. Ich sagte dann noch: ›Gute Nacht, mein Großer!‹«

Die Selbstständigkeit unterstützen

Um herauszufinden, wann Sie Ihrem Kind mehr Selbstständigkeit zubilligen können, sind Ihre Kreativität und Ihre Phantasie gefragt. Überlegen Sie sich ein Einschlafritual, das Ihrem Kind genügend Freiräume lässt, selbstständig einzuschlafen. Die nötige Voraussetzung für diese Erziehungshaltung ist natürlich das Vertrauen in Ihr Kind, dass es zu so viel Selbstständigkeit schon fähig ist.

In aller Regel streben Kinder geradezu danach, sich zu bewähren und schon als »groß« zu gelten. Wenn man also bereit ist, ihnen genügend Raum zu schaffen, damit sie ihre Fähigkeiten, selbst Verantwortung zu übernehmen, auch beweisen können, werden sie wahrscheinlich auch niemanden enttäuschen.

Wobei können Einschlafrituale helfen?

- Einschlafrituale helfen Eltern und Kindern, den Tag zu beenden und sich auf die Nacht vorzubereiten.

- Einschlafrituale erleichtern es, einen eigenen Rhythmus zwischen An- und Entspannung zu finden.

- Einschlafrituale können, richtig eingesetzt und dem jeweiligen Alter angepasst, dem Kind helfen, selbstständiger zu werden.

Ein Wochenendausflug in die freie Natur ist immer wieder ein herrliches Erlebnis. Wichtig ist, dass sich auch der Papa Zeit dafür nimmt.

Was spricht dagegen, dass an einem ganz normalen Wochentag die Mutter alle mit einem besonders delikaten und aufwendigen Abendessen überrascht oder der Vater die Familie spontan ins Restaurant einlädt? Ein solches Ereignis wird jedenfalls lange in Erinnerung bleiben.

Rituale für das Besondere

Mit einfachen Ritualen können Sie den Alltag zu etwas Besonderem machen

Warum verlassen Sie nicht einmal für ein paar Stunden die ausgetretenen Pfade des Alltags und stromern ein wenig abseits von diesen Wegen herum? Mit ganz einfachen Mitteln und ohne großen Aufwand können Sie aus einem ganz normalen Tag einen besonderen Tag machen, den Sie und Ihr Kind nicht so schnell vergessen werden. Hierzu eignet sich besonders das Wochenende, aber auch die Tage, an denen Sie beispielsweise einen Kindergeburtstag feiern. Ja, Sie haben richtig gelesen, denn auch aus solchen Tagen lassen sich mit einfachen Mitteln unvergessliche Erlebnistage machen. Alles, was Sie dazu brauchen, ist ein wenig Phantasie und die Bereitschaft, mal etwas anderes zu versuchen als bisher. Vielleicht gewinnen Sie dem grauen Alltag so etwas mehr Glanz ab und können diese oft stressreichen Tage etwas entspannter erleben.

Immer wieder sonntags

Rituale helfen nicht nur dabei, dem Alltag feste Strukturen zu geben, Rituale helfen auch, bestimmte Tage aus der alltäglichen Routine herauszuheben, z. B. die Sonntage. Eigentlich ist der Sonntag ja fast ein Tag wie jeder andere, an dem aufgestanden, gegessen, gespielt und gestritten wird, und doch ist manches anders: Papa ist zu Hause, Mama muss nicht einkaufen gehen, und der Kindergarten hat zu. Grund genug, diesen Tag immer als etwas ganz Besonderes anzugehen, als einen Tag der Familie, als einen Tag, auf den man sich die ganze Woche ein wenig freuen kann. Führen Sie bestimmte Rituale ein, die ganz speziell für den Sonntag reserviert sind. Beispielsweise:

● Jeden Sonntagmorgen dürfen die Kinder zu den Eltern ins Ehebett. Dort bekommen sie Geschichten vorgelesen, wird ein bisschen gekitzelt und gerauft oder gar eine Kissenschlacht veranstaltet.

● Am Sonntag wird der Frühstückstisch immer mit den bunt gepunkteten Tassen und Tellern gedeckt, es gibt Frühstückei, frisch gebackene Croissants oder auch den sonst so verpönten Schokoladenaufstrich.

● Den Frühstückstisch decken immer der Vater und die Kinder, und die Mutter darf sonntags so lange liegen bleiben, bis alles vorbereitet ist.

● Am Sonntag dürfen alle im Schlafanzug frühstücken.

● Nach dem Mittagessen gibt es immer eine süße Nachspeise: Pudding mit Vanillesoße, Götterspeise mit Sahne, Eis...

● Jeden Sonntag schaut die ganze Familie »Die Sendung mit der Maus«.

● Im Sommer wird am Sonntag immer das Planschbecken mit Wasser gefüllt...

Soweit nur ein paar Vorschläge, wie signalisiert werden kann, dass an diesem Tag die Verpflichtungen, die unter der Woche den Tagesrhythmus bestimmen, einfach mal vergessen werden dürfen, und dass der Sonntag in erster Linie gemütlich, fröhlich und abenteuerlich sein soll. Wie das Sonntagsritual ganz speziell in Ihrer Familie begangen wird, bleibt natürlich ganz Ihnen und Ihren persönlichen Vorlieben überlassen.

Gemeinsame Erlebnisse stärken den Zusammenhalt

Generationen von Kindern hätten ihn liebend gerne abgeschafft, den Sonntagsspaziergang. Das hatte damit zu tun, dass man damals im Sonntagsstaat mit den Eltern spazieren gehen musste, ohne die Möglichkeit zu haben, dem zu entgehen. Ob man gerne was anderes ge-

Freitag und Samstag sind besonders gut für Abendrituale geeignet. Da in der Regel die ganze Familie am nächsten Morgen ausschlafen kann, dürfen die Kleinen ausnahmsweise auch mal länger aufbleiben.

Am Wochenende mal mit den Eltern so richtig toben. Auch dieses Ritual kann die Familienbande festigen und die Vertrautheit fördern.

Planen Sie das Wochenende mit Ihrem Nachwuchs gemeinsam, so werden sicherlich alle ihre ungeteilte Freude an den freien Tagen haben. Auf einer Art Wunschliste werden alle Vorschläge gesammelt und dann so kombiniert, dass für alle etwas dabei ist.

macht hätte, interessierte niemanden. Man hatte den vorgeschriebenen Wegen zu folgen, durfte nicht herumtollen und sich auf keinen Fall dreckig machen. Die Spaziergänge waren einfach nur langweilig. Noch heute gehen Eltern am Sonntag mit ihren Kindern gerne zum Wandern. Ob der sonntägliche Spaziergang allerdings zu einem Familienritual wird, an dem jeder seinen Spaß hat, hängt davon ab, wie Sie ihn gestalten. Immer den gleichen Weg zu gehen und immer die gleichen Dinge zu sehen, erscheint nicht nur Ihrem Kind langweilig. Die Erwachsenen unterhalten sich meistens und bekommen nur wenig von der Umgebung mit. Besser wäre es, einmal die längst vertrauten Pfade zu verlassen und die Welt auf ungewohnten Wegen zu entdecken. Dort gibt es viel zu sehen, was auch für Sie neu sein kann. Auf diese Weise können Sie Ihrem Kind schon früh beibringen, dass es auch noch neben den offiziellen Wegen Alternativen gibt, die sehr spannend sein können. Ob es eine kleine Höhle am Hang ist oder eine aufgelassene Grube, ein alter Steinbruch, ein Schuppen mit Geräten oder eine kleine Lichtung mit Blumen und Käfern mitten im Wald; es bieten sich viele Möglichkeiten, mit Ihrem Kind Neues zu entdecken. Auf diese Weise spazierenzugehen wird nie langweilig und an so manche Entdeckung erinnert Ihr Kind sich sicher noch nach Jahren.

Wenn das Wochenende zu Ende geht

Um den Übergang zur bevorstehenden Woche zu verdeutlichen, können Sie das Wochenende auch mit einem Ritual ausklingen lassen, indem beispielsweise die Familie am Sonntagabend noch einmal zusammensitzt und jeder kurz erzählt, was in der vor ihm liegenden Woche auf ihn zukommen wird. Ebenso gut ist es aber auch denkbar, dass das Wochenende mit einem bestimmten Satz beendet wird: »So, jetzt gehen wir ins Bett, wir haben eine arbeitsreiche Woche vor uns!« oder »Marsch ins Bett, ihr müßt morgen wieder früh raus!« oder ähnliches.

Das Wochenende ist geradezu prädestiniert, den Kindern zu verdeutlichen, dass es vom normalen Alltag abweichende ganz spezielle Tage gibt. Der Sonntag sollte wenn möglich immer ein »kleiner« Festtag sein.

Tips für Wochenrituale

● Versuchen Sie schon bei den ganz kleinen Kindern anzufangen, ihnen den Unterschied zwischen normalen Wochentagen und dem Wochenende nahe zu bringen.

● Sie können schon Freitag abends anfangen, auf das Wochenende hinzuweisen. Besprechen Sie gemeinsam, wie sich jeder das Wochenende vorstellt.

● Denken Sie sich gemeinsam mit Ihrem Kind kleine Sonntagsrituale aus, die dann aber auch zuverlässig an jedem Sonntag eingehalten werden.

● Lassen Sie das Wochenende mit einem abschließenden Ritual ausklingen.

Kinder genießen Geburtstagsrituale

Das erhebende Gefühl, zumindest ein Mal im Jahr die wichtigste Person der Familie zu sein, stärkt das Selbstbewusstsein sehr. Alle tanzen um einen herum wie um das Goldene Kalb, man lässt sich bedienen, beschenken, kurzum: total verwöhnen. Diese Seelenmassage muss ja auch wieder ein ganzes Jahr lang reichen.

Schöne, weil gelungene Kindergeburtstage gehören mit zu den wichtigsten Kindheitserlebnissen, an die sich wohl jeder noch lange gern erinnert.

Warum? Weil ein Kind, dem zu Ehren ein Fest veranstaltet wird, spürt, dass es von seinen Eltern und den Freunden als »einzigartige Person« wahrgenommen wird.

An so einem Ehrentag kann das Kind das Gefühl, geliebt zu werden, in vollen Zügen genießen. Und das schenkt ihm vor allem viel Wärme, Kraft und Sicherheit.

Das Kind steht ganz im Mittelpunkt

»Wir wecken jedes Familienmitglied an seinem Geburtstagsmorgen mit einem Lied. Wir singen immer ›Zum Geburtstag viel Glück‹

Ein Ritual, auf das Kinder sich besonders freuen: Der Geburtstagskuchen mit Kerzen darf neben den Geschenken nicht fehlen.

nach der Melodie von ›Happy Birthday to you‹. Das ist nicht zu lang, kann jeder schnell lernen und klingt auch gut!«

Geburtstag zu feiern ist ein wichtiger Bestandteil der familiären Tradition. Oft werden bestimmte Rituale, die die Eltern von ihren eigenen Geburtstagen noch in bester Erinnerung haben, auch am Geburtstag der Kinder wieder ins Leben gerufen, sei es:

● dass das Kind am Geburtstag vom Rest der Familie mit einem Lied geweckt wird,

● dass am Frühstückstisch der Teller des Geburtstagskindes mit Blumen und Süßigkeiten verziert ist,

● dass es zum Mittagessen ausnahmsweise Pommes frites mit Ketchup gibt,

● dass am Geburtstag die ganze Familie in den Zoo, ins Kino oder abends ins Restaurant geht oder

● dass das Kind Freunde einladen darf und ein großer Kindergeburtstag veranstaltet wird.

Natürlich gehören auch Geschenke dazu und – selbstverständlich nicht zu vergessen – eine tolle Geburtstagstorte mit Kerzen, die das Geburtstagskind ausblasen darf, damit seine Wünsche auch in Erfüllung gehen.

Weil wir dich so gern haben

Vergessen Sie aber auch nicht den Hintergrund des Festes: die Erinnerung an die Geburt des Kindes.

● Stöbern Sie auf jeden Fall ein wenig in der gemeinsam erlebten Vergangenheit.

● Blättern Sie zusammen im Fotoalbum.

● Erzählen Sie Ihrem Kind, wie sehr Sie sich bei seiner Geburt gefreut haben.

● Erzählen Sie ihm, wie sehr Sie sich bis heute tagtäglich immer wieder aufs Neue freuen, dass es auf der Welt ist. Und deshalb wird auch Geburtstag gefeiert. Weil dieser Tag ein Tag der ganz besonderen Freude ist.

Ein Geburtstag ist immer ein geeigneter Anlass, um mit dem Kind über Vergangenheit und Zukünftiges zu sprechen: Wie hat es gewisse Ereignisse und Veränderungen im letzten Jahr empfunden? Welche Wünsche hat es für das kommende? So entwickelt es ein klareres Bewusstsein für das Fortschreiten der Zeit.

Familienfeste sind oft die einzige Gelegenheit, bei der sich alle Mitglieder der Familie einmal treffen. Kindern wird dabei meist zum ersten Mal ersichtlich, wer denn alles zum Kreis der Lieben gehört.

Kleine Tips für Familienfeste

- Feiern Sie solche Feste in regelmäßigen Abständen.

- Binden Sie alle Familienmitglieder in die Vorbereitungen mit ein.

- Sorgen Sie für ausreichende Räumlichkeiten.

- Berücksichtigen Sie die Eigenheiten und besonderen Wünsche einzelner Familienmitglieder (»Onkel Karl mag keinen Alkohol im Kuchen und Tante Anne keine Schokoladentorte!«).

- Planen Sie »Auszeiten« zur Entspannung ein, die man selbst gestalten kann.

- Aber achten Sie auch darauf, nicht zu viel »Leerlauf« zu haben.

- Teilen Sie das Familienfest in verschiedene Phasen ein (Anfang, Durchführung, Abschied).

- Verteilen Sie die Verantwortung für verschiedene Bereiche auf mehrere Personen.

- Dokumentieren Sie das Fest (mit dem Fotoapparat oder der Videokamera).

- Lassen Sie die Einladung von Ihrem Kind gestalten.

- Begrüßen und verabschieden Sie einzelne Personen mit Namen, und heben Sie diese eventuell besonders heraus.

Gemeinsames Feiern: Das Familienfest

Anstatt über den Verlust von Traditionen zu klagen, kann man genauso gut neue schaffen. Eine gute Idee, solche innerfamiliären Traditionen (wieder) ins Leben zu rufen, ist das Familienfest. Ein solches Fest ist nicht an Jahreszeiten oder anderes gebunden. Es kann immer dann gefeiert werden, wenn Sie Lust dazu haben, Ihre Verwandten und Freunde wieder zu sehen. In vielen Familien ist es üblich, diese Treffen an andere Festen wie zum Beispiel Weihnachten oder ähnliches zu koppeln. Eine andere Möglichkeit ist es, in den Ferien Familientreffen zu organisieren. Damit ein solches Fest auch ein voller Erfolg wird, sollten Sie die Regeln und Tips auf Seite 62 beherzigen.

Fasten als Ritual

Bei all dem darf man nicht vergessen, dass es nicht immer nur darum gehen kann, mehr Gemeinsamkeiten oder mehr Genuss und ähnliches zu fördern. Auch Verzicht zu üben und Frustrationen auszuhalten sollten Kinder lernen. Das sind Fähigkeiten, die in unserer Kultur ebenfalls mit Ritualen eingeübt werden können. Früher wurden solche »Kulturtechniken« ausschließlich aus christlicher Motivation heraus erlernt, zum Beispiel das Fasten im christlichen Jahresablauf. Heute kann man zwar ein Nachlassen solcher Begründungen feststellen, aber auch das Auftreten neuer Motivationen ohne christlichen Hintergrund ist möglich. Man kann auch aus weltanschaulichen oder gesundheitlichen Gründen heraus fasten. Warum also nicht einmal aus anderen Gründen den Genuss beim Essen oder den Konsum von Süßigkeiten für einige Zeit einschränken? Gemeinsames Fasten für Erwachsene oder Veränderung der Essgewohnheiten beispielsweise durch Weglassen von Süßigkeiten bei Kindern kann den Zusammenhalt in der Familie oder im Freundeskreis stärken helfen. Fasten muss auch keinesfalls nur als Verzicht erlebt werden, sondern kann auch zu mehr guter Laune und gesteigerter Lebenslust führen, wenn man es richtig macht.

Fasten bedeutet nicht nur Verzicht. Gemeinsam, innerhalb des Familienverbandes, können Fastenrituale zu vermehrt guter Laune und mehr Lebenslust führen.

Damit das Fasten zum Fest wird

● Fasten sollten allerdings nur Sie, nicht Ihr Kind. Trotzdem können Sie Ihr Kind mit einbeziehen, indem Sie es beispielsweise fragen, auf was es denn einmal in der nächsten Woche vielleicht verzichten möchte.

● Wenn Sie noch nie allein gefastet haben, informieren Sie sich erst bei erfahrenen Fastern (zum Beispiel in einem Kurs der Volkshochschulen, oder besorgen Sie sich ein Buch über das richtige Fasten (zum Beispiel aus dem Südwest-Verlag).

● Sprechen Sie vorher mit Ihrem Arzt über das Fasten.

● Fasten Sie mit anderen, legen Sie gemeinsam ein paar Regeln fest, um sich das Fasten zu erleichtern.

● Fastenrituale können helfen, das Fasten weniger als Verzicht denn als Erlebnis zu empfinden.

● Bei verschiedenen Fastenmethoden dürfen Sie kleine »Saft-Mahlzeiten« zu sich nehmen. Zelebrieren Sie diese wie ein Festmahl, mit Kerzenlicht, schön gedecktem Tisch, leiser Musik etc.

● Genießen Sie jeden Schluck, den Sie während des Fastens trinken.

● Treiben Sie regelmäßig etwas Sport während des Fastens.

● Treffen Sie sich mit anderen Fastern täglich zum Erfahrungsaustausch oder gemeinsamer Gymnastik, und ermuntern Sie sich in Fastenkrisen gegenseitig.

● Verschaffen Sie sich ein paar ruhige Tage, wenn Sie fasten wollen.

● Wenn Sie während der Arbeit fasten wollen, sorgen Sie für ausreichende Pausenmöglichkeiten.

● Beenden Sie das Fasten mit einem Gespräch oder einer Meditationsübung.

● Achten Sie auch nach den Fasttagen darauf, bewusster zu essen und das Essen mehr zu genießen. Sprechen Sie auch mit Ihren Familienangehörigen darüber, und beziehen Sie sie dort mit ein, wo es möglich ist. Kinder sind zum Beispiel leicht zugänglich für Entspannung mit Musik oder Bewegung. PS: Dazu braucht man Zeit, die man sich nehmen sollte!

Fasten sollte auf keinen Fall mit Darben und Leiden gleich gesetzt werden. Mit geeigneten Fastenritualen lassen sich solche Tage des bewussten Verzichtes so angenehm wie möglich gestalten.

Verzichtenkönnen kann neue Bewusstseinsmöglichkeiten eröffnen

Die meisten Menschen glauben, auf etwas verzichten zu müssen, könne man nur als Einschränkung erleben. Nur wenige Menschen wissen, dass bewusster und auf einige Tage beschränkter Verzicht den Genuss noch steigern kann. Essen Sie einmal eine Woche lang nur einige wenige Lebensmittel, dann schmeckt alles andere später noch einmal so gut. Oder die Sache mit dem Fernsehen: Viele Familien haben im Urlaub keine Möglichkeiten, Fernsehen zu schauen, und wundern sich nach einem solchen Urlaub, wie schön die Zeit ohne Fernseher war. Warum versuchen Sie es nicht einmal zu Hause, auch dort eine oder zwei Wochen lang ohne Fernsehen auszukommen? Sie würden sich wundern, wenn Sie wüssten, wie beruhigend sich das auf unruhige Kinder auswirken kann. Es gibt aber auch noch andere Möglichkeiten, die nicht ganz so umfangreich wie das Fasten sind und dennoch die Sinne schärfen können.

Fasten ist der gewollte Verzicht. Das muss sich nun nicht unbedingt auf Nahrungs- und/oder Genussmittel beschränken. Auch der Verzicht auf das Fernsehen oder andere lieb gewonnene Gewohnheiten kann dazu beitragen, diese nach ein paar Tagen der Abstinenz in neuem Lichte zu sehen.

Üben Sie einmal absichtlich Verzicht

- Verzichten Sie einmal eine Woche lang auf Alkohol oder Zigaretten.

- Trinken Sie eine Woche keinen Kaffee oder schwarzen Tee.

- Essen Sie eine Woche lang vegetarisch.

- Verzichten Sie eine Woche lang auf Süßigkeiten.

- Gehen Sie gemeinsam eine Woche lang abends eine halbe Stunde spazieren, anstatt etwas anderes zu tun.

Die Vorfreude ist für Kinder die schönste Freude in der Adventszeit.

Probieren Sie ruhig einmal alle gängigen Rituale durch: Ob Sie nur einen Stiefel füllen, den legendären Strumpf voll stopfen, einen Geschenketeller herrichten oder einen Verwandten in Nikolausmontur stecken – Sie werden schnell merken, was Ihrem Kind am meisten Spaß macht.

Rituale als Teil unserer Kultur

Die Vorweihnachtszeit

Nikolaustag, Weihnachten, Ostern, sind – wie Geburtstage – immer wiederkehrende Feste, auf die sich Kinder schon lange vorher freuen und denen sie förmlich entgegenfiebern. Nicht allein der Geschenke wegen, sondern auch, weil das Zusammensein, das Verbundensein, die Gemeinsamkeit innerhalb der Familie an diesen Tagen ganz besonders stark empfunden und ausgelebt wird.

Wenn der Nikolaus kommt

Je nach örtlicher Tradition wird das Nikolausfest sehr verschieden gefeiert. Manche Kinder stellen am Abend des fünften Dezember einen Stiefel vor die Tür und hoffen, ihn am nächsten Morgen mit allerlei feinen Sachen gefüllt vorzufinden. Immer häufiger kommt der Nikolaus »persönlich« mit oder ohne Begleitung zu den Kindern nach Hause, in den Kindergarten oder in die Schule. Es ist immer wieder verblüffend zu beobachten, wie verzaubert und ehrfürchtig kleinere Kinder dem Nikolaus begegnen. Auch wenn sie durchaus registrieren, dass der Nikolaus die Schuhe von Onkel Helmut trägt, so sehen sie doch nur den Nikolaus, der mit seinem goldenen Buch und dem gefüllten Sack vor ihnen steht.
Der Nikolaustag ist für die Kinder nicht nur ein Tag der Geschenke, sondern auch ein Tag des In-sich-Gehens. Denn ist es nicht so, dass die Engelchen dem Nikolaus das ganze Jahr über berichten, was das Kind gemacht hat? Und ist es nicht so, dass nur »brave« Kinder vom

Nikolaus belohnt werden? Durch den bevorstehenden Besuch des Nikolaus wird das Kind also zum Nachdenken und zur Selbstkritik veranlasst. So ist der Nikolaustag für die Kinder fast ein wenig vergleichbar mit der Silvesternacht für uns Erwachsene. Da werden gute Vorsätze gefasst, in Zukunft immer das Zimmer aufzuräumen, nicht mehr so oft die kleine Schwester zu ärgern oder nie mehr heimlich an die Schublade mit den Süßigkeiten zu gehen. Und wie bei uns »Großen« halten diese Vorsätze manchmal auch nicht besonders lange an. Oder wie oft haben Sie sich schon an Silvester vorgenommen, zukünftig mehr Sport zu treiben oder das Rauchen aufzuhören?

Keine Angst vor dem Nikolaus

Der Nikolaus ist der »Freund der Kinder«. Benutzen Sie ihn deshalb nicht als Erziehungshilfe, drohen Sie nicht mit ihm und lassen Sie ihn nicht zu sehr mahnen. Im Vordergrund sollten die guten, nicht die »schlechten« Taten, sollte das Lob, nicht die Kritik stehen.

Das eigentlich Bedrohliche am Nikolausritual ist die Begleitung des »heiligen Mannes« durch seinen treuen Gefährten Knecht Ruprecht. Ruprecht, meist wie ein Waldschrat aussehend und mit der gefürchteten Rute ausgestattet, ist eigentlich für die »Züchtigung« der Kinder zuständig. Diese Figur hat in den letzten Jahren aber immer mehr an Bedeutung verloren.

Besinnlicher Advent

Wer verbindet die Adventszeit nicht mit dem Duft nach Nelken, Zimt und Tannengrün, mit gemütlichen Abenden im warmen Wohnzimmer, mit Lebkuchen und Kerzenschein? Die Adventszeit ist eine ruhige Zeit im Jahr, die vom Brauchtum her ganz auf die Vorfreude auf das kommende Weihnachtsfest, auf die Geburt Christi, ausgerichtet ist. Für Kinder ist die Adventszeit aber auch vor allem eine lange, fast unendlich lange Wartezeit auf das Christkind. Diese Zeit des Wartens kann jedoch mit vielen Bräuchen und Ritualen, Geschichten und Gesprächen ausgefüllt werden.

● Ein Adventskalender steigert die Spannung auf das Weihnachtsfest. Jeden Tag bekommt das Kind eine kleine Näscherei oder eine

Ebenfalls ein schöner Brauch während dieser Zeit ist der gemeinsame Besuch eines der unzähligen Christkindlmärkte. Es muss ja nicht immer der wohl bekannteste in Nürnberg sein. Es gibt sicher gleich in Ihrer Nähe einen netten kleinen Weihnachtsmarkt: Auch dort duften gebrannte Mandeln und Glühwein, glitzert der Christbaumschmuck, leuchten die Kinderaugen…

andere kleine Überraschung, gewissermaßen als Vorgeschmack auf die großen Überraschungen an Weihnachten. Wenn Sie von den mit Schokolade gefüllten Adventskalendern, die es zu kaufen gibt, nicht begeistert sind, dann basteln sie doch aus kleinen Schachteln, Stoffbeutelchen oder Briefumschlägen Ihren eigenen Adventskalender, dessen Inhalt Sie dann ganz auf Ihr Kind abstimmen können.

● Auch ein Adventskranz symbolisiert den Kindern, wie Kerze für Kerze das kommende Weihnachtsfest näher rückt.

● Treffen Sie alle Vorbereitungen für das Fest möglichst zusammen mit den Kindern: Basteln Sie gemeinsam Christbaumschmuck, verzieren Sie die Fenster mit Bildern. Malen, kleben und schreiben Sie gemeinsam Weihnachtskarten.

● Das Backen spielt in der Adventszeit eine ganz besondere Rolle. Lassen Sie Ihre Kinder mithelfen, wenn Sie Plätzchen backen und Lebkuchen verzieren.

● Schön ist es auch, wenn vom ersten Adventssonntag an bis zum Heiligen Abend eine Krippe aufgebaut wird. Dazu ist es sicher notwendig, einige Krippenfiguren zu kaufen, die Sie dann Jahr für Jahr wieder aufstellen können. Der ganze Rest bleibt jedoch Ihrer Phantasie und Kreativität überlassen. Sammeln Sie beispielsweise zusammen mit Ihren Kindern bei Spaziergängen im Wald zur Ausstattung der Krippe Wurzeln, Zweige und Moos. Basteln Sie aus Goldpapier den Stern von Bethlehem, und lassen Sie Ihre Kinder die Spielzeugkisten untersuchen, ob sich da nicht einige Schafe, Ochsen, Esel oder aber auch kleine Teddybären, Löwen oder Pinguine finden, die in die Krippe mit aufgenommen werden wollen. Am Weihnachtsabend hält dann die Heilige Familie Einzug.

● Nutzen Sie die Abende, zumindest die Abende der Adventssonntage, auch dazu, weihnachtliche Geschichten und Gedichte vorzulesen oder gemeinsam Lieder zu singen.

● Das kommende Weihnachtsfest sollte ein Fest der Nächstenliebe und des Miteinanders sein. Sprechen Sie mit den Kindern auch über Menschen, denen es nicht so gut geht, die vielleicht krank, einsam oder traurig sind. Überlegen Sie, wie sie ihnen helfen können. Sicherlich können Sie nicht alle sozialen Probleme lösen, aber vielleicht wohnt in der Nachbarschaft eine Oma, die nur ganz selten Besuch bekommt. Kann man sie nicht mal zum Teetrinken einladen oder ihr ein paar Lebkuchen vorbeibringen?

Endlich ist Weihnachten

»Bei uns war es üblich, das Warten auf das Christkind mit Lesen zu verkürzen. Meine Mutter las aus der Weihnachtsgeschichte vor und wir Kinder fragten dauernd zwischendurch: ›Ob es wohl schon da war?‹ Dann verschwand meine Mutter mit den Worten ›seid aber ganz leise, damit es euch nicht hört!‹ im Wohnzimmer, kam zurück und sagte beim ersten Mal immer, es sei noch nicht da gewesen. Dann wurde wieder vorgelesen und erst beim dritten Mal sagte sie, jetzt sei es da gewesen und wir könnten hinein.«

Jede Familie entwickelt wohl mit den Jahren ihren eigenen Stil, Weihnachten zu feiern. Bestimmend sind dabei in der Regel die Kinder mit ihren Wünschen und Bedürfnissen. Die ganze Zeit des Wartens auf Weihnachten mit all den Überraschungen, Heimlichkeiten und Vorbereitungen erzeugt bei den Kindern eine sehr große Anspannung und Neugier. Diese Hochstimmung kann allerdings sehr schnell umschlagen, wenn alles einfach viel zu schnell geht. Ehe Sie sich versehen, ist alles ausgepackt – und was dann?

Das Fest inszenieren

● Der Sinn der althergebrachten Weihnachtsrituale ist es, mit Liedern und Geschichten vor der Krippe und unter dem Weihnachtsbaum den christlichen Hintergrund des Festes zum Ausdruck zu bringen: die Freude über die Geburt des Erlösers. Wenn dieser tiefe Sinn des Heiligabends einfach übergangen wird, verkommt das Weihnachtsfest schnell zu einer reinen Geschenkeschlacht. Gehen Sie deshalb zusammen in den Weihnachtsgottesdienst, lesen Sie

Eine geeignete Möglichkeit, Heiligabend abzurunden beziehungsweise zu krönen, ist die Christmette. Auch dort gibt es für Kinder viel zu erleben und zu bestaunen: Alle Glocken läuten. Die Kirche ist prächtig geschmückt. Überall brennen Kerzen.
In allen Winkeln duftet es nach Weihrauch. Chor und Orgel übertreffen sich an festlichem Klang. Und man kann sich nochmals in die Weihnachtsgeschichte vertiefen.

unter dem Weihnachtsbaum den Kindern aus dem Evangelium die Weihnachtsgeschichte vor oder singen Sie gemeinsam Weihnachtslieder.

Eine überaus passende Gelegenheit, wieder einmal die ganze Familie zu vereinigen, sind Weihnachtsessen. Ob bei Truthahn, Karpfen oder Gans – meist trifft man sich am ersten oder zweiten Feiertag, um für ein paar Stunden diese schöne Zeit zu teilen.

● Natürlich dürfen Sie auch die Spannung auf die Geschenke ein bisschen steigern, indem die Kinder beispielsweise in ihrem Zimmer warten müssen, bis ein Glöckchen signalisiert, dass das Christkind da war und das Fest beginnen kann.

● Vielleicht machen Sie aus dem Auspacken der Geschenke auch ein gemeinsames »Ereignis«: Der Reihe nach packt jeder unter den neugierigen Blicken der anderen jeweils ein Geschenk aus. Dann wird erst mal geraten, für welchen der Anwesenden dieses Geschenk wohl gedacht war. So kann jeder alle Geschenke begutachten und bewundern.

● Auch das Weihnachtsessen kann als Ritual gestaltet werden. In vielen Familien wird das ohnehin gemacht. Es gibt ein traditionelles Weihnachtsessen. »Bei uns gab es jedes Jahr an Heiligabend Kassler mit Kartoffelsalat.« Sie glauben gar nicht, wie fest sich ein kleines, immer wiederkehrendes Weihnachtsessen im Gedächtnis eines Kindes einbrennt und dort jahrelang zum Synonym für Weihnachten werden kann. »Beim Geschmack von Kassler musste ich immer an Weihnachten denken.«

Die speziell auf die Kinder ausgerichteten Rituale von Weihnachtsfesten lassen in dem gleichen Maße nach, wie die Kinder erwachsen werden. Aber in den meisten Familien wachsen ja wieder neue Kindergenerationen nach, so dass es die alten Familientraditionen schon bald wieder aufleben können.

Warum schmücken wir an Heiligabend den Weihnachtsbaum?

Historiker haben herausgefunden, dass der Weihnachtsbaum erst im vorigen Jahrhundert von Deutschland aus in der ganzen Welt bekannt und beliebt wurde. Seine Heimat, so berichten die Quellen, ist Straßburg. Dort ist er seit dem 17. Jahrhundert Brauch. Man schmückte ihn mit Papierrosen als Symbol für die Rose vom Zweig Jesse, von der das alte Weihnachtslied singt: »Es ist ein Ros' entsprungen«, und mit Äpfeln, weil man ihn als Paradiesbaum deutete, der, durch Christus vom Fluch befreit, nun wieder Früchte tragen darf. Und man steckte ihm Kerzen auf, die strahlend verkünden sollten: »Ich bin das Licht der Welt.«

Wir sollten, wenn wir unseren Weihnachtsbaum schmücken, diese alten Bedeutungen nicht vergessen. Aber wir können auch alles andere heranholen, was Kunstsinn und Spieltrieb inzwischen erdacht und erfunden haben, um ihn als einen zauberhaften Paradiesbaum erstrahlen zu lassen.

Weihnachten im Wald

Freunde von uns wollten sich zu Weihnachten keinen Tannenbaum mehr ins Haus holen. Sie fanden das ökologisch nicht vertretbar, außerdem fuhren sie nach den Feiertagen immer nach Österreich in den Winterurlaub, so dass der Baum daheim nur einsam vor sich hin nadelte. Um ihren Kindern den Weihnachtsbaum jedoch nicht ganz vorzuenthalten, führten sie einfach ein neues, wie ich meine wunderschönes Weihnachtsritual ein. Wenn es an Heiligabend zu dämmern begann, packte sich die ganze Familie warm ein und machte einen Ausflug in den Wald. Ziel war immer ein kleines Bäumchen, das sich die Eltern schon vorher ausgesucht hatten. Dieses Bäumchen wurde mit den mitgebrachten Kerzen und Kugeln geschmückt. Dann zündeten sie die Kerzen an, sangen Weihnachtslieder, aßen Plätzchen und tranken heißen Tee aus der Thermoskanne. Wenn alle langsam zu frieren begannen, ging es wieder heim in die warme Stube, wo dann auch die Bescherung stattfand. Die Kerzen wurden vorher ausgepustet, doch den Schmuck durfte das Bäumchen behalten. Es sollte sich auch freuen, dass es in dieser Nacht zu einem Weihnachtsbäumchen geworden ist. Doch wenn die Kinder zu späterer Zeit das Bäumchen besuchten, waren Kerzen und Kugeln immer verschwunden.

Bei allem Lichterglanz und Baumputzflitter – seien Sie bitte vorsichtig! Falls Sie Wachs- und keine Elektrokerzen an Ihrem Christbaum verwenden, sollten Sie unbedingt immer darauf achten, dass er kein Feuer fangen kann. Sonst endet das Fest der Freude schnell mit Ärger und Tränen.

**Lassen Sie Ihrem Kind den Glauben
an das Christkind!**

So lange die Kinder noch klein sind, wird in vielen Familien die Geschichte vom Christkind erzählt, das die Geschenke bringt. Und die meisten Kinder glauben ganz fest und eifrig daran. Aber ist es in der heutigen, modernen Zeit nicht richtiger, den Kindern die Wahrheit zu sagen? Diese Frage kann ich eindeutig mit »nein« beantworten. Kleine Kinder im Alter von etwa ein bis fünf Jahren (und manchmal auch darüber hinaus) glauben an alles mögliche. Man nennt dieses Alter daher auch das ›magische Alter‹. Kinder haben unglaublich viel Phantasie. Wenn Sie Ihr Kind nicht mit alten Ritualen vertraut machen, nehmen Sie ihm ein Stück unserer Kultur. Trauen Sie sich ruhig, auf alte, bewährte Mittel zurückzugreifen. Der Glaube an das Christkind, den Nikolaus oder Osterhasen gehört zu einer normalen Entwicklung dazu.

Hasen und Eier an Ostern

Für das Verstecken gibt es kaum Regeln: nicht zu leicht und nicht zu schwer, dem Suchvermögen und der Geduld des Kindes angepasst. Das klingt ganz logisch, ist aber nicht so einfach. Was zu leicht oder zu schwer versteckt war, merkt man immer erst hinterher.

Ostern, vom Kalender her ein »bewegliches Fest«, findet jedes Jahr am Sonntag nach dem ersten Frühlingsmond statt. Es ist das Fest der Auferstehung Jesu, die große Freudenfeier der christlichen Kirche, mit der auch die vierzigtägige Buß- und Fastenzeit zu Ende geht. Das Osterfest ist das höchste und älteste Fest der christlichen Kirche und wird seit den Zeiten der Apostel am jüdischen Paschafest gefeiert. Der Brauch, als Festmahl ein Osterlamm zu bereiten, geht auf das jüdische Paschafest zurück. Die meisten anderen Osterbräuche aber hängen eng mit der altgermanischen Frühjahrsfeier zusammen, mit der das Osterfest bei der Christianisierung Nordeuropas verschmolz. Deshalb ist Ostern auch immer ein Fest der wieder erwachenden Natur, des Frühlings und der Fruchtbarkeit. Das Ei und der Hase, alte

Symbole der Fruchtbarkeit, sind bis heute untrennbar mit diesem Fest verbunden.

Früher durften während der Fastenzeit keine Eier gegessen werden. An Ostern wurden sie gefärbt und verziert zur Weihe mit in die Kirche gebracht. Heute noch gibt es den Brauch, am Ostermorgen mit Laub und bunten Bändern geschmückte Körbe mit Esswaren (Ostereier, Geräuchertes, Salz und Brot) in der Kirche weihen zu lassen.

Rituale für ein gelungenes Osterfest

Alle Kinder freuen sich auf den Osterhasen, vor allem auch auf das Suchen der Ostereier oder des Osternestes. Einige Rituale helfen, das Fest zu einem kleinen Höhepunkt im Jahr zu machen.

● Vielleicht halten Sie und Ihre Kinder sich ja in Bezug auf Süßigkeiten an die Fastenzeit, das steigert die Vorfreude auf den Schokoladenhasen und fördert obendrein die Selbstdisziplin.

● Stellen Sie einen Osterstrauß aus Palmkätzchen, Forsythien, Buchen oder Birken auf und schmücken Sie ihn nach und nach mit selbst bemalten ausgeblasenen Eiern, aus Tonpapier ausgeschnittenen Hasen, Küken und sonstigen Osterbasteleien, die Sie zusammen mit den Kindern gefertigt haben.

● Wenn Sie etwa zwei Wochen vor dem Fest in flache Tonschalen Hafer aussähen, dann wachsen bis zum Osterfest hübsche Nestchen mit echtem »Ostergras«.

● Am hübschesten ist die Sucherei draußen in Feld und Wald bei einem Morgenspaziergang oder im eigenen Garten. Die Geschichte, dass der Osterhase die bunten Überraschungen versteckt hat, wirkt dort am überzeugendsten. Wenn es stürmt und schneit – weiße Ostern sind nicht selten – wird natürlich das Haus oder die Wohnung zum Revier des Osterhasen.

● Auch der »Eierkampf« beim Osterfrühstück kann zu einem Ritual werden: Jeweils zwei Familienmitglieder klopfen die spitzen Enden der Ostereier aneinander. Derjenige, dessen Ei zuerst kaputt geht, hat verloren.

Wenn Sie keine ganzen Osternester verstecken, sondern einzelne Eier und Süßigkeiten, sollten Sie, falls Sie mehrere Kinder haben, für jedes Kind ein bestimmtes Suchrevier abstecken. Dadurch sorgen Sie dafür, dass die »Beute« am Schluss auch gerecht verteilt ist.

Rituale zur Krisenbewältigung

Unter Mamas sanften Händen verschwindet das Wehwechen oft so schnell wie es gekommen ist.

Das Wichtigste in Krankheitsphasen Ihres Kindes ist, dass Sie ihm vermitteln für es da zu sein, Zeit zu haben, ihm beizustehen. Psychologische Unterstützung ist schon ein großer Schritt auf dem Weg der Genesung.

Krankheiten durchstehen

Die kindliche Entwicklung wird unter Umständen durch verschiedene Krisen unterbrochen, mit denen Sie aber leicht fertig werden können. So stellen Krankheiten beispielsweise Krisen im Entwicklungsverlauf Ihres Kindes dar. Allerdings ist das meistens gar kein Anlass, sich Sorgen zu machen, sondern bringt durchaus auch Vorteile mit sich. Denn die meisten Krankheiten helfen Ihrem Kind, sich nach dem Verschwinden der Erkrankung besser gesund zu erhalten. So muss das kindliche Immunsystem zum Beispiel seinen Einsatz trainieren, indem es lernt, mit bestimmten Krankheiten fertig zu werden. Doch um gegen bestimmte Krankheiten immun zu werden, muss man sie erst einmal gehabt haben. Sehen Sie deshalb den meisten (harmlosen) Krankheiten gelassen entgegen, und vermitteln Sie diese Sichtweise auch Ihrem Kind durch Ihr Verhalten während der Krankheit.

In Zweifelsfällen sofort zum Arzt

Manchmal kann Ihr Kind allerdings auch ernsthaft erkrankt sein. Sie werden das als Eltern jedoch rechtzeitig bemerken. Probieren Sie dann nicht herum, sondern suchen Sie besser gleich Ihren Arzt auf. Durch Ihre Art, mit Krankheiten in der Familie umzugehen, können Sie ein Beispiel geben, das Ihrem Kind hilft, seine Krankheit besser zu registrieren, Sie frühzeitig zu informieren und nicht zuletzt sein Problem leichter durchzustehen sowie sich gut aufgehoben und versorgt zu fühlen.

Ein paar kleine Tips:

- Besser einmal zu viel als einmal zu wenig zum Arzt!

- Sprechen Sie mit Ihrem Arzt auch über Selbsthilfemöglichkeiten bei Krankheiten.

- Ermuntern Sie Ihr Kind, sich bei Krankheiten rechtzeitig mitzuteilen und zu schonen.

»Heile, heile, Segen«

Rituale können keine Krankheiten heilen, das ist klar, und doch helfen sie oft – und zwar auf symbolische Art, auf eine Weise, die die Seele anspricht, die dem Kind von innen heraus Mut macht, gesund zu werden oder es den Schmerz ein wenig vergessen lässt. Ein paar Beispiele sollen verdeutlichen, wie das gemeint ist:

● Hat Ihnen nicht auch Ihre Mutter den Schmerz »weggepustet«, wenn Sie als Kind gefallen sind oder sich angestoßen haben? Sicher hatte sie auch bestimmte Sprüche oder Lieder, die in Reimen verkündeten, dass es »jetzt nicht mehr weh tut«. Das wären bereits die ersten schmerzlindernen Rituale, die ich meine. Die Tatsache, dass die Mutter einerseits den Schmerz ernst nimmt, andererseits aber auch ein Mittel parat hat, das hilft, und lässt das Kind die Situation einfach leichter ertragen.

● Das Gleiche gilt, wenn das Kind blutet. Meistens weint das Kind so lange, bis die Wunde mit einem Pflaster verklebt ist. Nach dem Motto: »Aus den Augen aus dem Sinn«, ist dann schon alles nur noch halb so schlimm.

● Wenn Ihr Kind sich in den Finger geschnitten hat und Sie die Kuppe verkleben müssen, dann können Sie auf das Pflaster ein lustiges Gesicht malen, so dass es zu einer Art Fingerpuppe wird: »Schau, Dein Finger lacht ja schon wieder, dann wird er sicher bald wieder gesund.«

Auch bei kleineren und in aller Regel schnell wieder vergessenen Verletzungen zählt die Geste. Wenn ein Ritual das Ordnungssystem eines Kindes wiederherstellt, also seine Psyche zurechtrückt, sind Schmerzen schon viel leichter zu ertragen.

● Auch für das Kind, das krank im Bett liegt, gibt es je nach Familie bestimmte Rituale, die grundsätzlich angewendet werden, sei es, dass man bei Halsschmerzen außer der Reihe Eis essen darf, dass man bei Bauchschmerzen die warme Wärmflasche auf den Bauch bekommt, auf dessen Überzug ein Löwe abgebildet ist, der die Schmerzen verscheucht, oder was auch immer. Bei uns gab es immer Holundersaft, den meine Mutter selbst eingekocht hatte, und der uns Kindern so gut schmeckte.

Spezielle Rituale bei Krankheit

Krankheiten sind Zeiten besonderer Zuwendung. Daher haben sich in vielen Familien hierfür kleine Rituale entwickelt, die dem Kranken helfen sollen, schneller gesund zu werden. Trotzdem ist es wichtig, darauf zu achten, dass man nicht nur in Zeiten der Krankheit besondere Zuwendungsrituale pflegt, weil sonst die Gefahr besteht, dass ein Kind krank werden »muss«, um besondere Formen von Zuwendung zu bekommen.

»Bei uns war es üblich, dass das kranke Kind von der Mutter gepflegt wurde. Als ich krank war, habe ich meinen Vater nie zu Gesicht bekommen. Das fand ich sehr schade, denn ich hätte seine Unterstützung sehr gut gebrauchen können. Bei meinen Kindern achte ich heute darauf, dass gerade mein Mann sich besonders um den Kranken unser Kind kümmert. Wir haben da einige Rituale entwickelt, die uns daran erinnern.«

Zeigen Sie Ihrem Kind, dass Kranksein nicht nur schlechte Seiten haben muss. Lassen Sie ihm während dieser unangenehmen Zeit durchaus eine besondere Behandlung zukommen. Ihr Kind braucht das, um schneller gesund zu werden.

Papa muss kommen und Fieber messen

»Mein Mann hat bei Krankheiten der Kinder die Aufgabe, den Arzt zu spielen und das kranke Kind zu untersuchen. Daran hat sich unser Sohn (sechs Jahre) schon so gewöhnt, dass er bei jedem Schnupfen schreit: ›Papa muss kommen, Fieber messen‹. Er freut sich dann schon so sehr darauf, dass ich glaube, allein dadurch geht es ihm viel besser und er kann die Krankheit besser aushalten!«

Mama bringt das Essen ans Bett

Im normalen Alltag gibt es nur wenig Gelegenheit, sich seinen Kindern auf besondere Art zuzuwenden. Meistens geschieht dies bei Festen oder Ähnlichem. Krankheiten können auch eine »Auszeit« bedingen, zum Signal werden, vor allen Dingen einmal innezuhalten und nachzudenken. Vielleicht ist es wieder einmal nötig, sich etwas mehr Zeit für die Kinder zu nehmen und ihnen das auch ganz bewusst zu zeigen, indem man sich ihnen auf eine andere oder intensivere Weise zuwendet, als das sonst üblich ist.

»Wenn meine Kinder krank sind und im Bett bleiben müssen, bringe ich ihnen das Essen ans Bett. So was kommt sonst nicht vor. Die Kinder genießen das, so von mir bedient zu werden. Als ich letztes Mal selbst ein paar Tage im Bett bleiben musste, weil ich eine Grippe hatte, brauchte mir mein Großer (14 Jahre) selbst das Mittagessen ans Bett. Darüber habe ich mich sehr gefreut!«

Sympathiebekundungen sind immer etwas Schönes. Man sollte deshalb vor allem während einer Krankheit damit nicht sparen. Einem Kind gerade dann mit Wort und Tat zu beweisen, wie sehr man es liebt, ist wirksame Medizin.

Wobei Heilrituale helfen

- **Sie schaffen eine besondere Nähe zwischen Eltern und Kind.**

- **Sie verleihen dem Kranksein positive Seiten.**

- **Heilrituale trösten das Kind und geben ihm Zuversicht.**

Ängste vertreiben

Rituale können aber auch helfen, Ängste besser zu bewältigen oder gar ganz zu verlieren. Kinder sind durchaus selbst in der Lage, Praktiken zu entwickeln, mit ihrer Furcht umzugehen. In anderen Fällen müssen wir Erwachsenen unseren Kindern helfen, Ängste abzubauen. Kinder haben z. B. oft Angst vor Gewittern. Sie fühlen sich hilflos ausgeliefert, weil sie sich noch nicht erklären können, woher der schreckliche Lärm kommt. Machen Sie deshalb aus Ihrem Verhalten bei Gewittern ein Ritual, das den Kindern besondere Geborgenheit und Nähe gibt. Dadurch nehmen Sie ihm die Angst und machen aus dem unheimlichen Gewitter ein heimeliges Erlebnis.

Keine Angst bei Gewittern

● Wenn sich ein Gewitter zusammenbraut, treffen Sie gemeinsam mit Ihrem Kind alle Vorbereitungen, die nötig sind, um irgendwelche Gegenstände zu schützen. Sammeln Sie die Spielsachen im Garten ein, räumen Sie die Polster der Gartenstühle weg, stellen Sie das Dreirad in die Garage. Sagen Sie zu Ihrem Kind: »So, jetzt sind alle Sachen untergebracht, jetzt kann ihnen nicht passieren.«

● Machen Sie es sich dann drinnen zusammen gemütlich. Stecken Sie den Fernseher aus, löschen Sie alle Lichter und zünden Sie Kerzen an, kuscheln Sie mit dem Kind oder erzählen Sie ihm Geschichten.

● Wenn sich das Kind nicht zu sehr ängstigt, können Sie sich auch zusammen ans Fester stellen, und beobachten, was draußen passiert. Erklären Sie ihm dabei, warum es donnert und blitzt und weshalb der Donner immer erst etwas später als der Blitz kommt. Wenn Sie das selbst nicht so genau wissen, dann holen Sie sich doch einmal ein Buch über Naturphänomene aus der Bücherei.

● Gehen Sie nach dem Gewitter gemeinsam nach draußen, vielleicht barfuß durch das nasse Gras. Atmen Sie die frische, gereinigte Luft ein und freuen Sie sich, dass es vorbei ist.

Eigene Rituale gegen die Angst

Kinder entwickeln aber auch ihre eigenen Rituale gegen Angst und Einsamkeit. Schon Säuglinge – manchmal sogar schon Ungeborene im Mutterleib – nuckeln am Daumen oder am Fäustchen, um sich zu beruhigen. Dieses Ritual wird von den meisten Babys nach relativ kurzer Zeit von selbst herausgefunden, weil es dem vertrauten

Auch viele Rituale von Naturvölkern hatten ihren Ursprung in der Angst vor den unfassbaren und kaum zu beeinflussenden Naturgewalten. Zeremonien mit Opferungen, Beschwörungsgesängen und -tänzen sollten die verantwortlichen Götter gewogen stimmen.

Saugen an der Brust nahekommt und daher auch ähnliche Wirkungen verspricht. Nuckeln beziehungsweise Saugen beruhigt demzufolge Ihr Kind, weil dieser Verhaltensablauf eine Ausschüttung von Hormonen im Gehirn bewirkt, die Ihr Baby auf biochemischen Wege beruhigen.

Der Teddy ist immer dabei

»Meine Tochter (zwei Jahre) nimmt immer einen alten Windelzipfel in den Mund und nuckelt daran. Wenn ich ihr den wegnehmen will, um die schmutzige Windel zu waschen, macht sie viel Geschrei.«
Das Nuckeln wird im Kleinkindalter oft von einer fast suchthaften Liebe zu einem Objekt abgelöst, dessen ständige Präsenz gesichert sein muss. So schleppt das eine Kind immer und überall seine kleine Giraffe mit und das andere braucht, wenn es traurig oder müde ist, unbedingt seine Schmusedecke mit den Bärchen drauf. Wir Erwach-

Kinder sind sehr phantasiereich, wenn es darum geht, sich ihre eigene Welt zu erklären und zu ordnen. Deshalb sollten Sie ihnen Rituale, die nicht gerade gefährlich sind, belassen – auch wenn diese für Sie unsinnig sind.

Nur nicht allein sein, wenn man Angst hat: Hund und Kuscheltier bieten Zuflucht und können trösten.

79

Seien Sie mal ehrlich zu sich selbst: Sind Sie völlig frei von solchen Ritualen beziehungsweise vergleichbaren Angewohnheiten? Haben Sie keinen Talismann, spielen Sie nie an einem Kettchen, knabbern Sie nie an den Nägeln? Es muss sich ja nicht immer gleich um Ängste handeln, die so kompensiert werden. Aber nervös sind wir doch alle.

senen reagieren auf diesen Plüsch- und Stoffkult häufig recht befremdet. Denn den Teddies, Eumels, Hasis und wie sie alle heißen, hängen schon die Ohren und sie haben schon ganz kahl gestreichelte oder abgenuckelte Stellen. Gerade das Lutschen, das kann doch nicht gut sein und hygienisch ist es außerdem nicht – meinen wir.

Doch die gelehrten Psychologen sind da ganz anderer Meinung. Sie haben nämlich herausgefunden, dass diese »Übergangsobjekte«, wie sie sie nennen, für die Ablösung der Kinder von uns Erwachsenen überaus wichtig sind. Und wenn man das Großwerden der Kinder nicht stören will, sollte man diese »Tröster und Freunde« einfach akzeptieren und damit auch alles andere, was damit verbunden ist: das Lutschen, Schmusen, Knuddeln und Herumschleppen. Irgendwann legt sich das wieder ganz von selbst und die Kinder entwickeln neue Mittel gegen ihre Ängste.

Auch Veränderung macht Kindern Angst

Für manche Kinder ist der Eintritt in einen Kindergarten kein Problem. Sie freuen sich darauf, mit anderen zu spielen und zu toben. Sie lassen auch die Mutter ohne weiteres gehen und sind bereit, sich auf eine neue Situation einzulassen. Was aber, wenn Ihr Kind weint, schreit, sich an Ihnen fest hält und Sie keinesfalls gehen lassen will?

Was Sie vorbeugend tun können

● Suchen Sie den Kindergarten sorgfältig aus! Verschaffen Sie sich einen Eindruck von der Atmosphäre des Hauses und den Mitarbeitern.

● Bereiten Sie Ihr Kind auf den Kindergartenbesuch vor. Besorgen Sie sich Bilderbücher, anhand derer Ihr Kind eine Vorstellung entwickelt, wie es dort zugeht.

● Vereinbaren Sie Probetage, an denen Sie mit Ihrem Kind im Kindergarten spielen. Es lernt dann die Umgebung und die anderen Kinder kennen und kann Vertrauen fassen.

Das Streiten kultivieren

Im Leben geht es nicht immer nur harmonisch zu. Das menschliche Zusammenleben steckt auch voller Konflikte, Probleme und Krisen. Da prallen oft gegensätzliche Meinungen aufeinander und im Nu ist der herrlichste Streit entfacht.

Streit an sich ist nichts Schlechtes, Streit kann dabei helfen, mit Missverständnissen aufzuräumen. Wenn Ihr Kind lernen soll, wie es sich durchsetzen kann, müssen Sie ihm auch zeigen, wie man sich »richtig« streitet. Sie vermitteln ihm, wie man den anderen ausreden lässt, wie man seine Argumente selbst vorträgt und wie man später zu einem Kompromiss kommen kann, der beide Seiten zufriedenstellt. Sie können Ihrem Kind aber auch ein kleines »Wutritual« vermitteln, indem Sie ihm zeigen, wie man seine Wut herauslassen kann, ohne jemand anderem zu schaden.

Mit Trauerritualen Verluste verarbeiten

»Meiner Tochter Sybille (neun) war die Schildkröte gestorben. Sie ging in den Garten und beerdigte sie in einem kleinen Kasten. Sie machte der Schildkröte einen Stein, auf dem ihr Name stand und betete nach der Beerdigung für die Schildkröte.« In den meisten Kinderspielen, die auch die Form von selbst gemachten oder wie in diesem Fall von »abgeguckten« Ritualen annehmen können, geht es um aktuelle Konflikte, die Ihr Kind gerade verspürt und die es in seinen Ritualen und Spielen zu lösen versucht. Das Thema »Verlust« einer geliebten Person, eines Tieres oder auch eines Gegenstandes, zeigt hier die tiefen Ängste der Kinder auf. Vielfach denken sie, wenn ihnen ein Haustier stirbt, sie seien Schuld daran, weil sie etwas verkehrt gemacht hätten und der Tod des geliebten Tieres sei jetzt die Strafe dafür. Das Beerdigungsspiel hilft dem Kind dann, diesen inneren Konflikt auszuhalten und vielleicht auch zu lösen. Sie können dabei mit vorsichtigen und einfühlsamen Gesprächen helfen.

Der Zweikampf in Antike und Mittelalter war eine beliebte Form der Streitkultur, um den Schaden möglichst gering zu halten. Anstatt Heere gegeneinander zu führen, um einen Konflikt zu lösen, sollten nur zwei ausgesuchte Krieger die Streitfrage ausfechten.

81

Sprechen Sie mit dem Kind auch über den Tod

Sie tun gut daran, Ihr Kind auf den Tod als normalen Bestandteil des Lebens vorzubereiten. Er gehört, wie die Geburt, zum Leben dazu. Leider leben wir in einer Kultur, in der es mit vielerlei Hemmnissen verbunden ist, über den Tod zu sprechen. Wir tabuisieren ihn eher, als das wir über ihn sprechen.

Wenn Sie Ihrem Kind aber helfen wollen, mit seinen Gefühlen fertig zu werden, sollten Sie mit ihm darüber unbedingt, aber natürlich vorsichtig und einfühlsam sprechen. Das hilft Ihrem Kind, keine falschen Schlüsse aus dem Tod des Haustieres oder später auch von nahestehenden Menschen zu ziehen. Je normaler der Tod in einer Familie behandelt wird, desto eher lernen Kinder auch mit Verlusten fertig zu werden.

Gebräuchliche Rituale wie Requiem, Grablegung oder Leichenschmaus thematisieren und symbolisieren nicht nur Ende und Verlust. Sie stehen auch für die Erkenntnis, dass das Leben für die Hinterbliebenen weitergeht, und die Vorstellung davon, dass es jenseits von Leben und Tod noch eine andere Existenz gibt.

Todesfälle im Freundeskreis oder in der Familie

Ab welchem Alter Sie Ihr Kind darauf vorbereiten, ist Ihnen selbst überlassen. Sie kennen Ihr Kind am Besten. Sie wissen, ab wann Sie ihm so etwas zumuten können. Damit ein Kind überhaupt eine Chance hat, auch mit größeren Schicksalsschlägen fertig zu werden, sollte es auch an ein so schwieriges Thema wie den Tod langsam und einfühlsam herangeführt werden. Die oben erwähnte Tierbeerdigung ist eine gute Möglichkeit, Kinder mit unseren Sterberitualen bekannt zu machen.

Darf man Kinder zu Beerdigungen mitnehmen?

Ab welchem Alter Sie Ihr Kind mit zu einer Beerdigung nehmen, sollten Sie selbst entscheiden. Sie können einschätzen, ob Ihr Kind weit genug ist, sich damit auseinanderzusetzen. Dafür gibt es keine verbindlichen Vorschriften. Eine wichtige Rolle spielt auch noch, ob Sie sich zutrauen, Ihrem Kind zur Seite zu stehen und auf seine Gefühle entsprechend reagieren zu können. Und natürlich ist entscheidend, wie die Beziehung Ihres Kindes zu der verstorbenen Person war.

Achten Sie darauf, nicht auf Grund der eigenen Verdrängungsmechanismen zu glauben, Ihr Kind sei »noch nicht so weit!«, und in Wirklichkeit wollen Sie es nur nicht.

Es kommt hier darauf an, sich wirklich Gedanken zu machen, wie Sie Ihrem Kind helfen können, mit dem Verlust eines geliebten Menschen fertig zu werden und ihm die Möglichkeit zu geben, sich von diesem Menschen zu verabschieden.

Klar und deutlich Abschied nehmen

Auch wenn Sie der Meinung sind, Ihre Tochter oder Ihr Sohn sei noch zu klein, um auf eine Beerdigung zu gehen, sollten Sie etwas unternehmen, damit das Kind die Möglichkeit bekommt, sich von dem geliebten oder bekannten Menschen in anderer Form zu verabschieden. Am Besten geht das durch Gespräche und das Anschauen von Fotos. Man lässt die guten und die schlechten Zeiten Revue passieren, erzählt sich Geschichten und lacht über die eine oder andere komische Situation.

Vermitteln Sie Ihrem Kind, dass mit dem Sterben eines Menschen dieser nicht automatisch auch vergessen sein muss. Erinnern Sie sich in Gesprächen und durch gemeinsame Friedhofsbesuche immer wieder an den Verstorbenen. Das entkrampft die Beziehung zum Tod.

Todesrituale können helfen

- sich von einem bekannten oder geliebten Menschen zu verabschieden,

- mit Verlusten umzugehen,

- sich auch mit dem Unfassbaren zu beschäftigen,

- den Tod als einen festen und natürlichen Bestandteil des Lebens zu erfahren.

Rituale beim Lernen für die Schule

Lernen lässt sich nicht erzwingen, aber Selbstbewusstsein und Kreativität kann man durch Rituale üben und vertiefen.

Wenn die Lernleistungen hinter den Erwartungen zurückbleiben, können seelische Probleme Ihres Kindes die Ursache sein. Gehen Sie behutsam dazu über, die Gründe hierfür zu erforschen und stehen Sie Ihrem Kind hilfreich zur Seite, anstatt es für die mangelhaften Resultate zu tadeln.

Lernschwierigkeiten und ihre Ursachen

Die Lernschwierigkeiten eines Kindes stellen die meisten Eltern vor große Herausforderungen. Welche Mutter und welcher Vater möchte nicht, dass ihr Kind die Schule ohne große Probleme durchläuft und gute Leistungen bringt. Die Anforderungen für die Kinder sind in den letzten Jahrzehnten gestiegen und viele Kinder haben Probleme in der Schule. Sie können dem Unterricht nicht folgen, verstehen den Stoff nicht, sind unaufmerksam, zappeln herum und machen ihre Hausaufgaben nicht oder nur ungenügend. Andere Kinder verhalten sich still, träumen vor sich hin und wieder andere machen durch Clownereien auf sich aufmerksam.

Seelische Probleme und Leistungsdruck

Lernschwierigkeiten in der Schule sind bei den meisten Kindern eine Folge unbewältigter seelischer Probleme. Deshalb ist es wichtig, nach den Ursachen zu forschen und im Alltag die Zeit zu finden, sich ausführlich mit dem Kind zu beschäftigen. Nur dann ist gewährleistet, auf eine liebevolle Art und Weise Ihrem Kind bei der Bewältigung seines Problems hilfreich zur Seite zu stehen. Für Ihr Kind kann schon allein der Übergang vom Kindergarten in die Schule eine Entwicklungskrise hervorrufen. Zu groß sind die Unterschiede im Tagesablauf und in den Anforderungen, die an Ihr Kind herangetragen werden. Als Eltern können Sie Ihrem Kind helfen, den Übergang sanfter zu vollziehen und später auftretende Lernschwierigkeiten zu bewältigen. Aber nicht nur zu Beginn der Schulzeit kann es zu Krisen kommen, sondern auch der Übergang in eine andere Schulform ist eine Zeit erhöhter Anforderungen. Prüfungen oder Klassenarbeiten gehören ebenfalls dazu. Rituale spielen eine wichtige Rolle bei der Bewältigung des ganz normalen Schulstresses und helfen, mit kleineren oder größeren Schulproblemen leichter fertig zu werden. In diesen Zeiten ist es für alle Kinder besonders wichtig, möglichst entspannt an das Lernen heranzugehen und zu lernen, inneren und äußeren Druck zu bewältigen. Nach Ihrem Vorbild kann Ihr Kind lernen, sich entspannter mit Leistungsanforderungen auseinanderzusetzen.

Achtung: Klassenarbeit!

»Meine Tochter (zwölf) hat vor Klassenarbeiten große Angst. Sie läuft schon am Abend vorher ganz nervös in der Wohnung herum und jammert, dass sie es nicht schaffen wird.« Angst vor Klassenarbeiten kann eine Folge ungenügender Vorbereitung sein. Aber auch die Angst vor den Konsequenzen, hoher Erwartungsdruck und mangelndes Zutrauen in die eigene Leistungsfähigkeit sind häufig Ursachen allzu großer Ängste.

Mangelnde Vorbereitung

Eine der häufigsten Ursachen für Angst vor Klassenarbeiten ist mangelnde Vorbereitung. »Unser Sohn Christof hat immer dann sehr starke Ängste vor Arbeiten, wenn er sich selbst nicht gut genug vorbereitet hat, sprich: Wenn er faul war!« In diesem Fall ist es wenig hilfreich, Ihrem Kind ständig dafür Vorwürfe zu machen. Veranlassen Sie es lieber dazu, sich auf die nächste Arbeit besser vorzubereiten. Hier kann es sinnvoll sein, sich mit Ihrem Kind einmal grundsätzlich zu unterhalten. Sie können bei der Bewältigung von Ängsten helfen, indem Sie regelmäßig nachfragen, wann die nächste Arbeit ansteht und wie die Vorbereitungen darauf inzwischen gediehen sind.

Angst vor der Schule kann unterschiedliche Gründe haben. Fragen Sie nach. Meist wird es allerdings die eigene »Faulheit« gewesen sein, die die Furcht vor der Prüfung oder der anstehenden Klassenarbeit wachsen ließ.

Und wenn ich drankomme?!

»Meine Tochter hat Angst, in der Schule dranzukommen. Jedes Mal, wenn der Lehrer sie aufruft, weiß sie nicht mehr, was er gefragt hatte und steht dann ganz dumm da!«

Viele Kinder haben inzwischen soviel Angst vor der Schule, dass sie bei jeder Leistungsanforderung nervös werden. Das müssen nicht gleich Klassenarbeiten sein. Es reicht da auch schon:

● die tägliche Gefahr, abgefragt zu werden.

● die ständige Möglichkeit, aufgerufen zu werden, um eine Frage zu beantworten.

● eine an alle gestellte Frage, die aus Angst, doch falsch zu liegen, nicht beantwortet wird, obwohl man es könnte.

Wenn Ihr Kind schwere Symptome von Angst zeigt, sollten Sie auf jeden Fall mit dem Lehrer sprechen und gegebenenfalls eine Erziehungsberatungsstelle aufsuchen. Bei kleineren Angststörungen kann es aber ausreichen, selbst mit dem Kind darüber zu sprechen und ihm deutlich zu machen, dass eine gute Vorbereitung mehr Sicherheit gibt und die Angst nimmt, beziehungsweise ihm eine Atem- oder Entspannungsübung gegen die Furcht beizubringen, falls das Problem nicht mit zu wenig Fleiß zu tun hat.

Halten Sie engen Kontakt zu den Lehrern Ihrer Kinder. So wie Sie selbst kennen die Lehrkräfte nur einen Ausschnitt des Lebens Ihrer Kinder. Gemeinsam lassen sich Lösungen für Lernschwierigkeiten oder zuvor nicht erklärbare Angstzustände oft leichter finden.

Zu hohe Anforderungen

Wissenschaftliche Untersuchungen haben ergeben, dass viele der heutigen Schulprobleme von Kindern aus allen Altersstufen nicht immer mit mangelndem Wissen oder fehlenden Lerntechniken zusammenhängen müssen, sondern oftmals durch zuviel Stress hervorgerufen werden und so zu den gefürchteten Lernblockaden führen können.

Natürlich muss Ihr Kind auch richtig lernen können und wissen, wie man etwas macht, aber manchmal ist es wichtiger, dass sich das Kind zunächst einmal richtig entspannen lernt, um so viel besser und vor allem effektiver lernen zu können.

Methoden gegen Lernschwierigkeiten

Bei der Bekämpfung von Schulängsten und Lernschwierigkeiten sind also zwei Gesichtspunkte besonders wichtig. Sie sollten mit Ihrem Kind regelmäßig ein Gespräch über die schulischen Leistungsanforderungen und seine damit verbundenen Nöte führen. Zusätzlich müssen Sie Ihrem Kind vermitteln, entspannter mit Leistungsdruck umzugehen.

Probleme besprechen

Sie können auch ein Ritual daraus machen und sich einmal pro Woche mit Ihrem Kind zusammensetzen und die vergangene und kommende Woche besprechen. Geben Sie Ihrem Kind Gelegenheit, seinen Ängsten Ausdruck zu verleihen. Machen Sie sich gemeinsam auf die Suche nach den Ursachen. Seien Sie auch bereit, Selbstkritik zu üben und sich kritische Äußerungen von Ihrem Kind anzuhören. Fragen Sie zum Beispiel: »Kann ich etwas tun oder anders machen, um deine Angst zu reduzieren?« Dann suchen Sie gemeinsam nach Lösungen. Treffen Sie Absprachen darüber, was Ihr Kind in der folgenden Woche tun will und wie Sie ihm dabei helfen können.

Nehmen Sie den schulischen Problemen Ihres Kindes die Spitze, indem Sie sie gemeinsam besprechen und somit thematisieren. Ganz nach dem Motto: »Gefahr erkannt – Gefahr gebannt«.

Entspannt lernt es sich leichter

Fast alle Kinder reagieren positiv auf Entspannungstechniken. Doch nur die wenigsten Kinder beherrschen auch eine. Für den Fall, dass Sie Ihrem Kind ein einfaches Entspannungsverfahren beibringen wollen, sollten Sie sich darüber im Klaren sein, je entspannter Sie selbst mit sich und Ihrem Kind umgehen, desto leichter kann Ihr Kind sich entspannen. Es gibt Entspannungs-CDs oder Kassetten, die Sie mit Ihrem Kind gemeinsam hören können. Außerdem bieten Volkshochschulen und andere Veranstalter Kurse an. Im nächsten Kapitel finden Sie ein kleines Entspannungstraining, das Sie mit Ihrem schulpflichtigen Kind selbst durchführen können.

Das Jacobson-Entspannungstraining

Angst lähmt. Die durch die Angst vermehrte Ausschüttung von Stresshormonen blockiert die Weiterleitung von Informationen an das Gehirn. Sicher erinnern auch Sie sich an die eine oder andere Prüfungssituation, in der Ihr Wissen wie »weggeblasen« war.

»Mein Sohn Dirk (neun) war sehr unkonzentriert in der Schule. Die Folge, dass er nicht versetzt werden sollte. Ein Freund riet uns, zu versuchen, unserem Sohn ein Entspannungsverfahren beizubringen. Er habe selbst damit gute Erfolge erzielt. In einem Volkshochschulkurs habe ich mir das Jacobsontraining angeeignet und mit meinem Sohn eingeübt. Schon nach ein paar Wochen Üben verbesserten sich seine Zensuren«.

Ängste führen zur Ausschüttung von Stresshormonen, die wiederum die Weiterleitung von Informationen im Gehirn blockieren. Das kann zu den von vielen Schülern gefürchteten Lernblockaden führen. »Ich hatte mich gut vorbereitet. Trotzdem war während der Klassenarbeit der ganze Stoff auf einmal wie verschwunden. Ich konnte mich an nichts mehr erinnern. Es war schrecklich« (Sabine, 13 Jahre alt). Mit Hilfe des Jacobson-Trainings, das leicht zu erlernen ist, kann man diese Lernblockaden verhindern und die Lernleistung insgesamt noch steigern.

Beim Jacobson-Entspannungstraining kommt es darauf an, dass Ihr Kind lernt, sich auf sein eigenes Kommando hin zu entspannen. Das wird durch den Wechsel von An- und Entspannung bei der Muskulatur erreicht. Es geht ganz einfach: Man spannt zum Beispiel die Hände zur Faust an, hält diese Spannung einen Moment und lässt dann wieder los. Das Gleiche macht man mit den anderen, großen Muskelgruppen.

Welche Muskelgruppen werden ange- und entspannt?

1. Hände	5. Gesäßmuskeln
2. Oberarme (Bizeps)	6. Oberschenkel
3. Brustmuskeln	7. Waden
4. Bauchmuskeln	8. Zehen

Die Vorbereitungen

1. Suchen Sie sich gemeinsam mit Ihrem Kind einen ruhigen Platz in der Wohnung und sorgen Sie dafür, in den nächsten 15 Minuten nicht gestört zu werden.
2. Zeigen Sie Ihrem Kind den so genannten »Kutschersitz«. Der Oberkörper sollte gerade sein, etwa 90° mit den Oberschenkeln und den Unterschenkeln bilden. Der Rücken sollte nicht am Stuhl anlehnen, sondern die Wirbelsäule sich selbst tragen. Die Hände liegen auf den Oberschenkeln auf.
3. Alle einengenden Kleidungsstücke, auch Uhren oder Schuhe sollten vorher abgelegt werden.
4. Machen Sie Ihrem Kind die einzelnen Übungen vor. Zeigen Sie ihm, wie es zum Beispiel die Hände anspannen soll usw.

Am Besten lesen Sie sich den folgenden Text einmal kurz durch, bevor Sie das Training mit Ihrem Kind einüben. Beim Lesen sollten Sie darauf achten, ausreichend lange Pausen zu machen. Die Zeiten stehen in Klammern bei den einzelnen Übungen. Sie können das Training selbst vorlesen oder es für Ihr Kind auch auf eine Kassette sprechen. Dann kann es die Übungen später auch ohne Sie durchführen.

Das Training

Veranlassen Sie Ihr Kind nun, die Augen zu schließen und sich auf seinen Körper zu konzentrieren. Geben Sie die Kommandos immer gleich, damit Ihr Kind sich daran gewöhnt und sie sich merkt.

1. Jetzt spannst du die Hände zur Faust an. Halte die Spannung einen Moment (etwa fünf bis acht Sekunden) lang und lasse jetzt wieder los. Spüre, wie sich in deinen Händen Entspannung ausbreitet. Wie sie tiefer und tiefer wird.
2. Jetzt winkelst du deine Oberarme an den Körper, so dass sich dein Bizeps anspannt. Spüre einen Moment lang die Anspannung und lasse jetzt wieder los. Spüre, wie sich langsam Entspannung in deinem Oberarm ausbreitet. Wie sie tiefer und tiefer wird.

Bei allen Übungen bitte unbedingt ruhig und gleichmäßig weiteratmen, auch wenn die Muskeln angespannt bleiben. Noch besser ist es, in die angespannten Muskeln »hineinzuatmen«.

Die Dauer der Spannungsphase können Sie ganz leise für sich mitzählen oder aber, besonders wenn Sie für die Kinder eine Kassette besprechen, laut vorzählen.

3. Jetzt holst du ganz tief Luft und hältst einen Moment lang die Luft an. Halte die Spannung einen Moment (etwa fünf bis acht Sekunden) lang und atme jetzt wieder tief aus. Spüre, wie sich in deiner Brust wohlig warme Entspannung ausbreitet. Wie sie tiefer und tiefer wird.

4. Jetzt spannst du deine Bauchmuskulatur an. Halte die Spannung einen Moment (etwa fünf bis acht Sekunden) lang und lasse jetzt wieder los. Spüre, wie sich in deinem Bauch wohlig warme Entspannung ausbreitet. Wie sie tiefer und tiefer wird.

5. Jetzt spannst du deine Pomuskulatur an. Halte die Spannung einen Moment (etwa fünf bis acht Sekunden) lang und lasse jetzt wieder los. Spüre, wie sich in deinem Po Entspannung ausbreitet. Wie sie tiefer und tiefer wird.

6. Jetzt spannst du deine Oberschenkelmuskulatur an, indem du deine Beine fest auf den Boden stemmst. Halte die Spannung einen Moment (etwa fünf bis acht Sekunden) lang und lasse jetzt wieder los. Spüre, wie sich auch in deinen Beinen Entspannung ausbreitet. Wie sie tiefer und tiefer wird.

7. Jetzt spannst du deine Wadenmuskulatur an, indem du deine Fußspitzen anhebst, beziehungsweise indem du sie in Richtung Knie anziehst. Halte die Spannung einen Moment (etwa fünf bis acht Sekunden) lang und lasse jetzt wieder los. Spüre, wie sich auch in deinen Waden Entspannung ausbreitet. Wie sie tiefer und tiefer wird.

9. Als Letztes krallst du deine Zehen zusammen. Halte die Spannung einen Moment (etwa fünf bis acht Sekunden) lang und lasse jetzt wieder los. Spüre, wie sich auch in deinen Füßen Entspannung ausbreitet. Wie sie tiefer und tiefer wird.

10. Jetzt zählst du langsam von Drei bis Null rückwärts und ballst dabei noch einmal beide Hände zusammen und öffnest dann langsam die Augen.

Am Ende der Übung können Sie Ihr Kind befragen, wie es war und wo man bei welchem Muskel eventuell für die nächste Übung noch etwas intensiver arbeiten sollte. Auf diese Weise kann man die Effektivität des Entspannungstrainings noch erhöhen.

Ein wichtiger Tip:
Das Geheimnis der Wirkungsweise liegt in der regelmäßigen Wiederholung dieser Übungen begründet. Nur wenn Sie einigermaßen regelmäßig mit Ihrem Kind üben, wird es den Entspannungseffekt spüren und davon profitieren.

Kleine Entspannungsrituale für jede Gelegenheit

Diese und ähnliche Rituale können Sie selbst ausprobieren und dann Ihrem Kind vermitteln:

- Kurz die Hände zur Faust ballen und dann wieder loslassen. Spüren Sie, wie sich in Ihren Händen Entspannung ausbreitet.
- Sich konzentrieren und selbst auffordern: »Ganz ruhig – und tief durchatmen!«
- Atmen Sie tief ein und halten einen Moment lang die Luft an.

Neben den hier beschriebenen Übungen zeigen kindgerechte Yoga- und spezielle Meditationsübungen für Kinder ähnlich gute entspannende Wirkung.

Um mit freiem Kopf lernen zu können, brauchen auch Kinder manchmal Wege und Methoden, um sich zu entspannen.

Etwa vier Sekunden. Dann atmen Sie langsam wieder aus. Dazu sollten Sie etwa sechs bis acht Sekunden brauchen. Dann atmen Sie wieder ein. Nehmen Sie sich nun einige Sekunden dazu Zeit. Diese kleine Atemübung wiederholen Sie ein- bis zweimal. Sie werden sich danach sehr erfrischt fühlen.

● Schließen Sie für einen Moment die Augen und stellen Sie sich vor, Sie säßen an Ihrem Lieblingsurlaubsort in der Sonne. Konzentrieren Sie sich so auf Ihre Wahrnehmung, dass Sie die Sonne auf Ihrer Haut spüren.

● Solche und ähnliche Rituale können Sie zuerst selbst ausprobieren und dann Ihrem Kind vermitteln.

Solidarität zählt

In allen schulischen Problemsituationen kommt es darauf an, dass Sie Ihrem Kind vermitteln: Ich bin für dich da, ich helfe dir dabei, deine Schwierigkeiten zu lösen. Es hilft Ihrem Kind auch, wenn Sie als Vorbild zur Verfügung stehen. Durch Ihr Verhalten machen Sie deutlich: Mit so etwas kann man fertig werden. »Ich habe meinem Kind immer versucht zu zeigen: Damit kannst du klar kommen. Dann habe ich oft ein Beispiel aus meiner eigenen Schulzeit erzählt – davon, welche Schandtaten ich da vollbracht hatte. Den Kindern hat es geholfen, wenn sie gesehen haben: Mama hatte auch solche Probleme in der Schule und sie ist damit fertig geworden. Ich habe dann natürlich auch ein paar Tricks aus meiner Schulzeit zum Besten gegeben, wie ich mit solchen Belastungen umging.«

Machen Sie es Ihrem Kind vor

Es kann auch von Vorteil sein, Ihrem Kind nicht nur davon zu erzählen, wie Sie es selbst gemacht haben, sondern es ihm auch persönlich zu zeigen. Ein kleines Rollenspiel, in dem Sie als Hauptfigur Angst davor haben, vom Lehrer aufgerufen zu werden, wird nicht nur zum Lachen führen, sondern Ihrem Kind auch Lösungsmöglich-

Erklären Sie sich mit Ihrem Kind solidarisch. Jeder hat mit Sicherheit ähnliche Hürden in seiner eigenen schulischen Laufbahn zu bewältigen gehabt. Angst und Nervosität vor Prüfungen, mal eine schlechte Klassenarbeit und das mulmige Gefühl, es den Eltern »zu beichten«, sind ganz normale Empfindungen in einem Schülerleben.

keiten vermitteln. Vor allem Atem- und Entspannungsübungen sollten Sie Ihrem Kind einmal vormachen. Es hört dabei Ihre Stimme, sieht Ihnen zu und kann das Gesehene und Gehörte mit den einzelnen Übungen verknüpfen. Das hilft ihm wesentlich dabei, diese Techniken schneller und leichter zu erlernen.

Hausaufgaben

»Mein Sohn kommt von der Schule und hat erst einmal keine Lust, Schularbeiten zu machen. Er will nach dem Essen lieber spielen und bietet dann an, sie abends zu machen. Ich gehe manchmal darauf ein, manchmal nicht. Aber ich weiß nicht, was eigentlich richtig ist. Ich habe bei beiden Lösungen ein schlechtes Gewissen.«

Wann sollten Schularbeiten am Besten gemacht werden?

Sicher kennen Sie auch solche oder ähnliche Probleme mit dem Hausaufgabenmachen. Auch bei deren Lösung können kleine Rituale eine große Hilfe sein. Bei etwas genauerem Hinsehen stellen Sie nämlich sofort fest, dass Ihr Kind hier meistens schon eigene, ganz konkrete Rituale entwickelt hat, um mit den leidigen Schularbeiten umgehen zu können. Ob diese Rituale allerdings immer hilfreich sind, sollte Sie hinterfragen. Will Ihr Kind nach der Schule nicht sofort Schularbeiten machen, spürt es wahrscheinlich Unlust, weil es sich durch den langen Schultag, der ja in manchen Klassen durchaus an einen normalen Arbeitstag heranreicht, überfordert und müde fühlt. Wenn es unter diesen Umständen keine Hausaufgaben machen möchte, ist das völlig in Ordnung. Im Laufe des Tages vergisst Ihr Kind aber wahrscheinlich, dass es noch Schularbeiten aufhat. Am Abend ist es dann zu spät und Ihr Kind natürlich müde. Was können Sie in dieser Situation tun? Wie können Sie die schon vorhandenen Rituale Ihres Kindes mit neuen, sinnvollen Ritualen verbinden?

Es gibt eine Zeit zu arbeiten und eine Zeit zu entspannen und neue Kraft zu schöpfen. Gestehen Sie Ihren Kindern nach dem anstrengendem Schultag eine Pause zu. Die Schularbeiten werden ihm danach leichter von der Hand gehen.

Gemeinsam das beste Ritual entwickeln

Wenn Eltern gemeinsam mit den Kindern eine Zeit festlegen, zu der die Hausaufgaben erledigt werden müssen, schlagen sie zwei Fliegen mit einer Klappe. Der Nachwuchs fühlt sich in seinen Bedürfnissen respektiert und ernst genommen und lernt gleichzeitig, selbstverantwortlich mit der Pflicht »Hausaufgaben« umzugehen.

Das Kind kommt von der Schule und will auf keinen Fall Hausaufgaben machen. Unterstützen Sie es darin und sagen Sie zum Beispiel: »Ich kann sehr gut verstehen, wenn du jetzt müde bist, das wäre ich auch nach so einem langen und schweren Tag.« Ihr Kind fühlt sich so von Ihnen an und ernst genommen. Dann warten Sie einen Moment und fragen: »Was glaubst du denn, welche Zeit sich heute am Besten für deine Schularbeiten eignet?«

Ihr Kind wird nun Vorschläge machen. Natürlich sind auch solche dabei, von denen Sie jetzt schon wissen, dass sie nicht funktionieren werden. Jetzt haben Sie die Möglichkeit, diese gleich als inakzeptabel abzulehnen oder Ihr Kind zur Durchführung auf die Probe zu stellen. Verständigen Sie sich mit Ihrem Kind über eine Vorgehensweise, die Sie testen wollen. Machen Sie aus aufzupassen, welche Methode funktioniert und welche nicht. Einigen Sie sich darauf, sich nach einer Woche noch einmal zur Auswertung zusammenzusetzen. Sagen Sie Ihrem Kind auch, dass Sie damit einverstanden sind, die Methode zu erlauben, von der Sie der Meinung sind, dass sie funktioniert hat. Nun wird Ihr Kind versuchen, der Methode zum Durchbruch zu verhelfen, die es favorisiert.

Die zwei am häufigsten gewählten Tageszeiten für die Erledigung von Hausaufgaben

- Früher Nachmittag: Gönnen Sie Ihrem Kind direkt nach der Schule eine ausreichend lange Pause.
- Nach dieser Pause sollte Ihr Kind allerdings sofort Schularbeiten machen.
- Sie können sich auch auf abendliche Schularbeiten einlassen, wenn Sie gemeinsam mit Ihrem Kind nach einer Erprobungsphase erfahren haben, dass es gut geklappt hat.

Über die Autorin

Annegret Weikert ist Diplompädagogin und arbeitet als Paar- und Familientherapeutin. Sie ist verheiratet und hat drei Kinder (zwei eigene und ein Pflegekind) im Alter von 14, 17 und 18 Jahren. Von ihr stammen zahlreiche populäre Veröffentlichungen zu Erziehungsfragen, die sie zumeist zusammen mit ihrem Mann, dem Psychologen Wolfgang Weikert, verfasst hat. Im Südwest Verlag ist erst kürzlich von ihr das »Kursbuch Erziehung« in zweiter Auflage erschienen.

Hinweis

Das vorliegende Buch ist sorgfältig erarbeitet worden. Dennoch erfolgen alle Angaben ohne Gewähr. Weder die Autorin noch der Verlag können für eventuelle Nachteile oder Schäden, die aus den im Buch gemachten Hinweisen resultieren, eine Haftung übernehmen.

Bildnachweis

Bilderberg, Hamburg: 49 (Thomas Ernsting), 52 (Nomi Baumgartl), 56 (Dorthea Schmid); Mauritius, Mittenwald: U4, 60 (Rosenfeld), 5, 18, 25 (AGE), 17 (Poehlmann), 66 (B. Gierth); Rehm Claudia, Stockdorf: 21, 28, 74; Tony Stone, München: Titel (Nicholas DeVore), U2 (David Hanover), 6 (Cameron Heryet), 11 (Pauline Cutler), 36 (Peter Correz), 40 (Niyati Reeve), 48, 91 (Peter Cade), 58 (Andreas Pollok), 79 (Charles Thatcher), 84 (Pascal Crapet).

Impressum

© 1997 Südwest Verlag GmbH & Co. KG, München
Alle Rechte vorbehalten. Nachdruck – auch auszugsweise – nur mit Genehmigung des Verlages.
Redaktion: Ulrike Lutz, Christoph Taschner
Projektleitung: Ernst Dahlke
Redaktionsleitung: Nina Andres
Bildredaktion: Ute Schoenenburg
Umschlag: Till Eiden
DTP/Satz: MAC 2/Wolfgang Luttmann, Monika Anger
Produktion: Manfred Metzger
Druck: Weber Offset, München
Printed in Germany
Gedruckt auf chlor- und säurearmem Papier
ISBN 3-517-07534-5

Register

Abendgebet 54
Abläufe strukturieren 16
Abläufe, regelmäßige 15
Actionfilme 47
Adventszeit 67ff.
Alltagsrituale 4, 18ff.
Angst vor
– dem Kindergarten 80
– der Schule 24f., 85ff.
– Gewittern 77f.
Angstbekämpfungs-
ritual 25
Aufstehen 20ff.
Autosuggestions-
übungen 25

Bedürfnisse berücksichtigen
19

Christkind, Glaube an
das 72

Denkvermögen trainieren 9
Einschlafmusik 53
Einschlafrituale 48ff.
– für Säuglinge 48ff.
– im Kleinkindalter 50ff.
– im Schulalter 54f.
Entspannungsrituale 91f.
Entspannungstraining 87ff.
Entwicklungsrituale 6
Entwicklungsstufen bei
Kindern 10f.
Essrituale 33ff.
– bei Säuglingen und
Kleinkindern 34

Familienfeste, Tips für 62
Familienklima, harmo-
nisches 18f.
Fasten als Ritual 63ff.
»Ferkelphase« als Protest
31f.

Fernsehen 43ff., 65
Fernsehen mit
– Kindergarten-
kindern 46
– Kleinkindern 45
Fernsehsendungen
besprechen 46f.
Frühstücksritual 19

Gebet 4, 14, 54
Geburtstag 4, 16, 60f.
Geburtstagsrituale 60f.
Gedächtnisleistung
trainieren 9
Gedankenketten 9
Gewohnheiten
einhalten 15
Gutenachtgeschichte 4, 51

Handlungsschemata 8f.
Hausarbeit, spielerische 42f.
Hausaufgaben bewälti-
gen 93f.
Heilrituale 75ff.
Horrorfilme 47

Initiationsrituale 7
Intelligenz, emotionale 28

Jacobson-Entspannungs-
training 88ff.
Jahresrhythmus 4, 16

Kompromisse
schließen 13
Konfliktsituationen bewältigen 12f., 17
Konzentration schulen 8f.
Körperkontakt pflegen 28
Körperpflege
– des Babys 29
– und Kleinkinder 29f.
Körperpflegerituale
28ff.

Krankheiten durchstehen
74ff.

Lernrituale 16, 84ff.
Lernschwierigkeiten 11,
84ff.

Mahlzeiten, gemeinsame,
kultivieren 36f.
Massagen 28f.

Neurotransmitter 9
Nikolausfest 66f.
Nuckeln 78ff.

Orientierung durch
Rituale 18
Ostern 6, 72f.
Osterrituale 73

Phantasiegeschichten
erfinden 41
Pubertät 32f.

Reizüberflutung 5
Rituale
– als Orientierungshilfe
4f., 18
– Bedeutung für Kinder
14
– Checkliste 20
– Definition 4
– Funktion der 7f.
– für das Besondere
56ff.
– in der Freizeit 40ff.
– in Lernsituationen 7
– kirchliche 6
– sinnvolle 19
– zeitgebundene/
zeitlose 6ff.
– zur Krisenbewältigung
74ff.
Rollenspiele 16f., 92f.

Selbstbewusstsein 24, 32
Selbstständigkeit 9ff., 33ff.,
37, 55
Sonntagsrituale 56ff.
– Vorschläge 57
Spielen, selbstständiges,
fördern 42f.
Spielregeln berücksichtigen
12
Spielrituale 40ff.
Spielzeiten einplanen
40ff.
Stillvorgang 33
Streiten kultivieren 81
Stress 5, 19
Süßigkeiten 37ff., 63

Tagesrituale siehe
Alltagsrituale
Tischmanieren 37
Trauerrituale 81ff.
Trotzphase 10ff.

Verhandeln statt verbieten
13
Verzicht üben 65

Waschrituale 30ff.
– für Kleinkinder 31
Wecken 20ff.
Weckrituale
– für Große 26
– für Kleinkinder 22ff.
– für Säuglinge 22
Weihnachten 4, 6, 69ff.
Weihnachtsbaum,
Bedeutung 70f.
Wochenendrituale →
Sonntagsrituale

Zubettgehen 48
Zusammengehörigkeits-
gefühl 36